Avinelio Vestu

by Susan Davis

AVINĖLIO VESTUVIŲ POKYLIS

AVINĖLIO VESTUVIŲ POKYLIS ir amžiaus pabaigos įvykiai
Žinia šiai paskutinei kartai

Iš Dievo širdies

Padiktuota Susan Davis

AUTORIAUS PASTABA

Ši knyga sukurta ne siekiant pelno, bet su tikslu šia konkrečia priemone pasiekti daugiau žmonių. Tačiau tikrai ne tam, kad pasinaudojant šiais pranašiškais Viešpaties žodžiais, surinkti pinigų. Pateikta šios knygos kaina skirta tik spausdinimo išlaidoms padengti ir autoriui išmokėti honorarą, kuris yra beveik nulis. (Dėl svyruojančių spausdinimo išlaidų gali būti keli centai už knygą. Bet koks už nulį didesnis likutis panaudojamas tam, kad nupirkti knygų, kurios atiduodamos nemokamai.) Ši žinia yra labai aktuali ir svarbi, todėl mes norime užtikrinti, kad knygos kaina nebūtų kliūtis žmonėms įsigyti šią žinią. APIE ŠIAS PRANAŠYSTES Susana naudojasi pranašystės dovana. 1 Korintiečiams 14:1 teigiama: "Siekite meilės ir trokškite dvasinių dovanų, ypač, kad pranašautumėte". Dabar mes laikomės ir tariamės paklūstantys Dievo nurodymams Naujajame Testamente. Nors kai kurie mano, jog dvasinės dovanos, tokios kaip pranašystės, buvo panaikintos – tai žmonių nuomonė, o ne Dievo. Dievas nepakeitė Savo sandoros. Mes vis dar gyvename Naujosios Sandoros eroje, kuri dar vadinama Naujuoju Testamentu. Prašome suprasti, kad pirmiausia jūs turėtumėte atsiduoti Viešpačiui Jėzui Kristui ir Jo Žodžiui, kaip parašyta Biblijoje, ypač Naujajame Testamente

Kaip visuomet, visos pranašystės turi būti sutikrintos su Biblija. Tačiau kai tik pranašystė sutampa su Biblija, tuomet iš mūsų tikimasi, jog paklusime jai. Šiuo metu Dievas nenaudoja pranašysčių tam, kad pateiktų naujus mokymus. Jos naudojamos siekiant užtvirtinti tai, ką Dievas jau pateikė mums Biblijoje. Dievas taip pat jas naudoja tam, kad duotų mums ypatingus įspėjimus dėl būsimų įvykių, kurie turės įtakos mums

Tiesiog, kaip ir Senajame Testamente, taip ir Naujojo Testamento laikais Dievas naudoja pranašus, kurie yra šiuo metu. Naujajame Testamente esanti Apaštalų darbų knyga mini keletą pranašų, tokius kaip Judas ir Silas (Apaštalų darbai 15:32) bei Agabas (Apaštalų darbai 21:21) ir kitus ten buvusius. Pranašų tarnavimas Naujojo Testamento laikais taip pat minimas 1 Korintiečiams 12:28; 14:1, 29, 32, 37, taip pat Efeziečiams 2:20, 3, 5; 4:11

Jėzus pasirenka pranašus, kurie darbuotųsi dėl Jo žemėje. Tarp kitų dalykų Jėzus naudoja pranašystes bei pranašus, kad Savo vaikams praneštų Savo troškimus. Pati Biblija buvo pranašiškai užrašyta Šventosios Dvasios įkvėpimu

Kai kurie žmonės sako, jog pranašystės žodžiuose yra pavojus pridėti prie Biblijos ar atimti iš jos – pagrįstai Biblija apie pranašystę kalba kaip apie Šventosios Dvasios dovaną. Būdas, kai prie Biblijos yra pridedama ar iš jos atimama papildomais pranašystės žodžiais, kurie nėra gauti per žmones, kuriems Šventoji Dvasia duoda žodžius, bet per Dievo sąvokų pakeitimą, kaip, pavyzdžiui, pridėti naujas nebiblijines sąvokas iš kitų pagoniškų tikėjimų. Tačiau svarbiausias Biblijos pranašų darbas visada buvo atkreipti žmonių dėmesį į Dievo Žodį, Bibliją

Kaip tai sakoma 1 Tesalonikiečiams 5:19-21: "Negesinkite Dvasios! Neniekinkite pranašavimų! Visa ištirkite ir to, kas gera, laikykitės!". O būdas, kaip patikrinti žinią, – tai sulyginti jos turinį su tuo, ką sako Biblija

Visų žemiau esančių pranašysčių mintis aš (Mike Peralta – knygos rengėja) asmeniškai patikrinau, ir visos jos sutinka su tuo, ką sako Biblija. Bet jūs taip pat turite pasitikrinti šias mintis su Biblija. Ir jei jos atitinka Bibliją, tuomet Dievas tikisi, kad priimsite jas į širdį ir paklusite Jo nurodymams.

TURINYS

ĮŽANGA PAGAL VIEŠPATĮ

Mano vaikai, tai kalba jūsų Viešpats. Aš labai greitai ateinu. Mano atėjimas yra arti, jau prie durų. Aš ateinu! Jums reikia pasiruošti

Šis dienoraštis buvo užrašytas per Mano dukters Susan 40-ties dienų pasninką

Ji pasninkavo Mano prašymu. Aš nuvedžiau ją į nuošalią vietą, kad ji galėtų mirti sau

Per šį laiką Aš daug kalbėjau jai apie tai, kad Aš noriu išeiti su Savo vaikais. Taigi ji užrašė Mano žodžius taip, kaip Aš ją vedžiau. Visi šie laiškai turi svarbios informacijos, kurią jums reikia skaityti ir apsvarstyti, nes Mano atėjimas nebetoli

Tai jūsų Viešpats ir Gelbėtojas, Jahushua (Jėzus Kristus)

*Visos Rašto ištraukos paimtos iš Karaliaus Jokūbo Biblijos versijos

Šie žodžiai buvo padiktuoti Dievo Tėvo ir Jo Sūnaus, JAHUSHUA HA MASHIACH (Jėzus Kristus arba Jėzus Pateptasis, arba Jėzus Mesijas) Susanai 40-ties dienų pasninko metu; užrašyti nuo 2012 m. sausio 27 d. iki kovo 6 d.

ATSILIEPIMAI

Labai jums dėkingas už jūsų e-mail bei pasidalijimą Dievo žodžiu, kuris labai palaimino mane. Aš meldžiausi ir prašiau Šventosios Dvasios, kad padėtų man suprasti daugelį dalykų ir kad vestų Jo keliu. Prašau taip pat melstis už mane. Dar kartą labai ačiū jums, ir telaimina Dievas jus ir jūsų tarnavimą. – Skaitytojas 1

****

Brangi, miela sese Susana. Dėkoju Tau, Jahushua, už šiuos laiškus ir už tai, kad Tu paprašei Savo dukters/nuotakos eiti per tai, kad ji galėtų šitai užrašyti! Aš pradėdavau dieną kiekvieną kartą perskaitydamas apie dešimt puslapių. Aš esu palaimintas. – Skaitytojas 2

****

Susana, labai dėkoju jums už nuorodas, kuriomis pasidalijote. Tai neabejotinai palaimino mane, ir Aš suvokiau, kad mano dvasia taip išalkusi Viešpaties Jahushuos. – Skaitytojas 3

****

Sveika, brangi mano sese Susana. Aš beveik baigiau skaityti Dievo mintis/ laiškus, užrašytus jūsų pasninko metu. Tai tikrai Jo žodžiai... Turiu omenyje, kad aš tiesiog negaliu iki galo įvertinti to 100 puslapių dokumento. Jo Tiesa, Išmintis bei užtarimas už mus yra nuostabūs... Jis tiesiog toks nuolankus ir mylintis, galintis padrąsinti, įspėti tautas. Dėkoju Jam už tai, ir laiminu jus dėl to, kad pasidalinote tuo su manimi. – Skaitytojas 4

****

Brangi Susana. Dėkoju jums, mano brangi sese, kad atsiuntėte tai man! Aš tai atsisiunčiau ir jau esu įpusėjusi. Tai mane atvedė prie Viešpaties kelių. Meldžiuosi, kad milijonai pasielgtų taip pat. Telaimina jus Dievas už jūsų paklusnumą ir ištikimybę Jam. Amžina mūsų Mesijo meilė! – Skaitytojas 5

****

Susana, tai labai patepta pranašystė iš Viešpaties. Aš girdėjau pranašystes nuo to laiko, kai 1979 metais tapau Kristaus vaiku. Per praėjusius 33 metus aš girdėjau ir skaičiau keletą labai pateptų pranašysčių, o mintys šioje knygoje yra labiausiai pateptos, kokias aš girdėjau bei skaičiau per visą savo gyvenimą. – Mike Peralta (knygos rengėja)

1 SKYRIUS

NUOLANKUMAS

Nuolankumas yra paklusnus pasidavimas. Tai pasiruošimas tarnauti kitiems be skundų, pamirštant patirtą žalą iš kitų, su šypsena ir atlaidumu. Tai troškimas tarnauti kitiems ir patikti Dievui. Tai troškimas visą laiką su viltimi tarnauti Dievui, būti paklusniam, noria dvasia visada pasirengusiam tarnauti Dievui ir kitiems

Nuolankumas taip pat pasirengęs laikytis kukliai: paskutinė kėdė, tolimiausia vieta, būti fone, būti nepastebimam

Luko 14:7-12 Matydamas, kaip svečiai rinkosi pirmąsias vietas prie stalo, Jis pasakė jiems palyginimą: "Kai kas nors tave pakvies į vestuves, nesėsk pirmoje vietoje, kad kartais nebūtų pakviesta garbingesnio už tave, ir atėjęs tas, kuris tave ir jį pakvietė, netartų tau: 'Užleisk jam vietą!' Tada sugėdintas turėsi sėstis į paskutinę vietą. Kai būsi pakviestas, eik ir sėskis paskutinėje vietoje, kad tas, kuris tave pakvietė, atėjęs galėtų pasakyti: 'Bičiuli, persėsk aukščiau!' Tada tau bus garbė visų prie stalo sėdinčiųjų akivaizdoje. Kiekvienas, kuris save aukština, bus pažemintas, o kuris save žemina, bus išaukštintas." Mato 19:30 Tačiau daug pirmųjų bus paskutiniai ir paskutiniai – pirmi

Tai asmuo, kuris yra pamirštas, nes yra toks kuklus, jis susilieja su peizažu. Jie nenori pagrindinės scenos. Jie nori likti slaptoje, tykūs, kuklūs, paklusnūs Dievui. Tai yra nuolankumas, dukra, ir tai yra Mano nuotaka

Visa tai yra ji. Ar tu dabar matai savo klaidas, dukra? Tęskime... Kas yra nuolankumas? Jis darbuojasi užkulisiuose, bet nereikalauja prozektoriu sviesos. Jis visiškaipaklūsta Dievui. Jis visuose dalykuose siekia paklusti Dievui

Nuolankus nesijaudina dėl to, ką kiti žmonės galvoja apie jį. Jis darbuojasi dėl kitų, nelaukdamas atpildo. Jis trokšta Dievo

9

palankumo, o ne žmogaus. Jis auga Dievo malonėje ir patinka Dievui

Jis romus ir kuklus

Jis auga Dieve

Jis yra kaip Kristus. Nuolankumas yra nuostabiausias dalykas Dievui

Nuolankus, Dievo bijantis asmuo šviečia Dievo akyse

Nuolankumas nori patikti Dievui ir eiti Jo keliu. Būti kukliu ir negalvoti gerai apie save, ir negalvoti, kad esi geresnis už kitus, laikyti save žemesniu už kitus ir neteisti aplinkinių. Aš esu vienintelis Teisėjas. Tai nereiškia, kad tu turi būti pažemintas. Tai reiškia, kad tu gerbi kitų jausmus, net jei jie suklumpa, nesumenkini jų savo širdyje, turi jiems užuojautos, kadangi švento Dievo akivaizdoje tu taip pat esi netoli nuodėmės

Štai kas nutinka, kuomet kažkas yra nuolankus. Jie kuria nuostabų liudijimą. Jie šviečia Mano Karalystėje, Mano akyse. Jie įgauna Dievo ausis. Aš išklausau Savo nuolankius tarnus, kai jie šaukiasi Manęs. Aš eičiau į bet kokią ekstremalią situaciją išgelbėti Savo nuolankių tarnų. Aš pajudinsiu dangų ir žemę dėl Savo nuolankių tarnų. Ar tai supranti, Mano dukra? Mano nuolankūs tarnai yra ištikimi Man. Jie supranta, kad be Manęs nieko negali nuveikti. Jie visuomet visuose keliuose kreipiasi į Mane, taip kaip vaikas kreipiasi į savo tėvus. Tai Mano nuolankūs tarnai. Jie neturi savo valios. Savo kasdienybėje jie pasitiki tik Manimi. Dėl savo atsakymų jie ieško Manęs. Jie nuoširdžiai pasitiki Manimi, ir Aš atsakau jiems. Aš duodu jiems tai, kas geriausia, todėl kad jie ieško Manęs labiau už viską. Jie yra nuolankūs ir šlovingi Mano akyse. Apie juos kalbama švelniai, kaip apie gražius. Jie nėra tokie, kaip pasaulis apie juos kalba

Jie išsiskiria iš minios. Jų grožis yra kaip Dievo ir dangaus. Tai kaip danguje – visi žmonės visiškai saugūs savo Dieve, kadangi Aš patenkinu visas jų reikmes

Nėra reikalo būti įžuliems ar grubiems, pasipūtusiems ar išdidiems. Visi jų poreikiai atsakomi per Mane. Jie patenkinti, pasiruošę tarnauti ir yra laimingi tarnaudami, nes Aš visada patenkinu jų reikmes. Niekas nelenktyniauja dėl Mano dieviško dėmesio

Kiekvienas yra patenkintas. Tai tyrumo, taikos, ramybės, meilės, juoko, džiaugsmo vieta

Vaikiškas tikėjimas yra labai svarbus, kadangi vaikas nepralenkia pats savęs

Vaikas laikosi arti savo tėvų, nes pasitiki tėvais. Jis tvirtai laikosi tėvų, su viltimi laukdamas jų nurodymų, rekomendacijų bei vadovavimo. Vaikas neprisiima tėvų rolės. Tai gerai žinoma. Jis negali vadovauti; jis pasitiki tik tėvais, kad jie patenkins visus jo poreikius. Kai vaikas išeina iš tėvų akiračio, apima panika, kadangi jis žino, kad visus poreikius patenkina tėvai, ir tai yra išaugę į meilę bei pasitikėjimą. Tokie santykiai yra tarp tikrai nuolankaus ir Dievo. Nuolankus seka Dievu, aklai pasitikėdamas bei paklusdamas, ir Dievas veda juos

Niekur kitur nėra atsakymų. Dievas yra aukščiausias ir vienintelė tikra viltis, patikima viltis

Vaikai dėl visų savo poreikių kreipiasi į savo tėvus. Jie šaukiasi jų, nes tėvai gali padėti jiems. Kaip tik taip Dievas padeda nuolankiajam, kuris seka Jį su nuolankia ir tyra širdimi

Ar tai dabar turi prasmę tau, dukra? Ar išdidus žmogus gali pakeisti savo kelius ir tapti nuolankus? Dukra, atsakymas yra "taip" - per paklusnumą Man, jūsų Dievui

Tai ar su Dievu visi dalykai yra įmanomi? Taip, visi dalykai yra įmanomi su Manimi

Patarlių 15:33 Viešpaties baimė moko išminties, prieš pagerbimą eina nuolankumas

Pradėkime. Nuolankumas yra arti meilės. Meilė ateina iš nuolankios širdies

Meilė neateina iš išdidumo. Išdidumas sugriauna meilę. Išdidumas sako: "Aš esu geresnis už tave"; "Aš žinau daugiau už tave"; "Tu mažiau vertas nei aš"; "Tu man bevertis"; "Aš esu nepriklausomas" ir "Man tavęs nereikia". Tai kalba išdidumas, Mano vaike

Išdidumas yra bjaurus visose formose. Tai savanaudiškumas, egocentriškumas, egoizmas, o jų šaknys yra nuodėmė. Tuščias išdidumas sukyla prieš Dievą ir sako: "Man nereikia Dievo". Aš pats esu dievas – aš pats sau vadovauju. Jis šlykštus ir pasibjaurėtinas. Tame nėra jokio grožio. Tame nėra išpirkimo. Jis atmeta kitus. Jis verčia žmones jaustis nepilnaverčiais, atstumtais, nemylimais, įžeistais, įskaudintais

Nėra nieko menkiau už išdidumą, ir jis priešingas Kristaus charakteriui. Kristuje nėra išdidumo. Joks gėris neateina iš išdidumo, vien tik pikta. Ar supranti, Mano vaike? Kaip mums išvengti išdidumo išvaizdos, Viešpatie? Dukra, privalai bėgti nuo išdidumo, kuo toliau bėgti nuo jo. Visą laiką ieškok nuolankumo. Dukra, jei turi Mano meilę ir prisirišimą, tau nėra reikalo remtis savimi, siekiant kitų dėmesio

Ieškok Mano meilės bei prisirišimo ir būk pasitenkinusi tik tuo. Meilės ieškojimas per aplinkybes nublanksta prieš Mano visa aprėpiančią meilę. Žmonės, esantys aplink tave, negali patenkinti giliausių tavo poreikių. Vienintelis Aš galiu patenkinti tavo alkį, ilgesį ir tuščią širdį

Aš turiu visus atsakymus išsiilgusiai, tuščiai širdžiai. Aš galiu patenkinti visus troškimus. Žmogus negali. Jis negali, nors atrodo, kad gali. Tai neilgaamžis ir trumpas pasitenkinimas dėl kitų pritarimo. Aš esu šaltinis, pripildantis sklidinai. Aš pripildau ir patenkinu visus, kurie ilgisi ir yra nuolankios širdies. Ateik pas Mane patenkinti savo meilės ir dėmesio poreikį. Palik išdidumą. Tai griaunanti jėga, ir tame nėra meilės. Tai veikia už meilės ribų ir neša pražūtį kiekvienam. Išdidumas yra pirmasis blogis. Jis vis dar valdo ir viešpatauja žmonių širdyse. Išdidumas ragina žmones ieškoti Dievui priešingų kelių

Žmonės iškelia save per poziciją savo darbe, per talentus, turtą, nuosavybę ir ryšius su kitais. Tai yra stabai, ir jie nėra Dievo regėjimo lauke, kad į juos atsakytų; tai statydina tik jų pačių savivertę, ko Aš nepašventinu, tačiau aplinkiniams tai gali atrodyti kaip sėkmė. Tik nuolanki širdis ieško Dievo, kad gautų atsakymus į poreikius, ir atmeta savo norą siekti dalykų, darančių įspūdį aplinkiniams

Kai jūs bandote kaupti turtus ar pasidaryti sau vardą pasaulyje net per tarnavimo veiklą, tai yra jūsų siekimas būti pripažintiems kitų, ieškoti pritarimo iš aplinkinių. Tai nėra Mano valia. Taip neturi būti. Mano nuolankūs vaikai kasdien ieško Manęs, kad būtų patenkinti jų poreikiai, ir Aš suteikiu jiems. Taip Aš mokau pasitikėti Dievu

Kai Mano vaikai siekia savo pačių jėga bei pasiekimais, jiems nepavyksta, kadangi nebus atpildo tiems, kurie nėra Mano valioje; net jei dalykai atrodo gražiai ir gerai, tai yra apgaulingas saugumas

Ir Aš taip pat leidžiu Savo vaikams sužlugti jų siekiuose, kad pamatytų, jog jiems reikia Manęs. Man reikia būti širdies troškimu ir atsakymu visame kame. Visa kita yra klaidinga viltis, kuri nukreipia Mano vaikus nuo Mano valios

Taip, tai išdidūs vaikai, ieškantys savo kelių nesitardami su Manimi, nepažindami ir nepasitikėdami Manimi. Tai veda į nepilnavertį pasitenkinimą. Siekite ir siekite, Mano vaikai, siekite ir ateikite pas Mane tušti, trokštantys daugiau, niekada iš tikrųjų nepasisotinę – visada trokštantys daugiau, bet nežinantys ko. Aš esu tasai "Kas"! Aš esu tikrasis visos širdies, dvasios ir sielos pasitenkinimas

Aš pasotinu, Aš pripildau, Aš darau visa, Aš užpildau besiilginčio žmogaus širdies tuštumą – niekas ir nei vienas. Tai yra išdidumo pamatas ir nuodėmė, kuri sulaiko nuo to, kai jūsų širdis vis ieško pasitenkinimo ir pritarimo visame kame, bet ne Dieve. Tušti, vieniši ir nepripildyti – tai galutinė pasekmė, apgailėtinas egzistavimas, ko Aš niekada neplanavau Savo kūrinijai

Išdidumas – bjauri nuodėmė, kuri visiškai neturi jokios meilės formos; pozicija be meilės, niekam neturinti meilės. Nuolankumas myli priešingai. Jis nėra savanaudiškas. Jis nevadovauja kitiems. Jis laukia galimybės pirmiausia patarnauti kitiems. Jis kitus laiko didesnėje pagarboje nei save. Jis nesinaudoja. Jis nėra grubus ar pasipūtęs. Jis nėra išdidus. Jis nesididžiuoja. Jis nesipuikuoja. Jis gražus, švelniai kalbantis, malonaus būdo, mylintis, rūpestingas, kaip Dievas, kaip Kristus, ieškantis Dievo

Jis nevadovauja ir neprimeta savo pozicijos kitiems. Jis tik susirūpinęs kitų padėtimi. Tai yra nuolankumas: visuomet fone, niekada nesivaržant dėl pirmosios kėdės. Štai Mano kelias – kantrumas ir lankstumas

Nuolankumas yra meilės forma. Jis neprimeta savęs kitiems. Jis laukia savo eilės. Jis myli viršum viso kito. Jis neieško galimybės pažeminti kitų, kad būtų išaukštintas. Jis ieško tik gero aplinkiniams

Kodėl nuolankumas yra toks gražus Man, Dievui? Man malonu, kai Mano vaikai nusižemina prieš Mane. Tai rodo išaukštinimą, pagarbą ir tikėjimą Manimi, jų Dievu. Jie visas viltis bei pasitikėjimą sudeda į Mane, kuris patenkinu visus jų poreikius. Jie atsisako noro patys ieškoti atsakymų per savo pasiekimus, savo pačių stiprybę ir savo pačių savanaudišką valią. Jie nelinkę sekti savo širdimi, palikdami Mane, savo Dievą, susitelkdami į savo savanaudišką ėjimą, kuris nuveda nuo vienintelio tiesos kelio – Manęs, jų Dievo. Aš esu vienintelė Kryptis, Tiesa, Kelias

Daugelis apsigauna, siekdami savo pačių kelių, nesiartindami prie Manęs, neieškodami Mano valios, Mano tiesos ir Mano vedimo jų gyvenime

Jie vaikosi to, ką pasaulis vadina teisingu: siekia pinigų, padėties, pripažinimo, pasitenkinimo daugybėje kelių be Manęs, Dievo. Tai didžiausia apgaulė

Aš nesakau, kad jūs neturite dirbti ir gyventi, bet sakau visų pirma ieškoti Manęs, o Aš galiu nukreipti teisingu keliu, kaip gyventi šiame pasaulyje. Jei jūs siekiate savo planų bei svajonių be Mano įsikišimo, tuomet bėgate nuo Mano valios ir tampate atviri Mano priešui, ir gyvenate nuodėmėje, kadangi nesate Mano valioje. Tai yra išdidumas ir maištavimas. Daugelis taip vaikšto

Patarlių 18:12 Prieš sunaikinimą žmogaus širdis pasididžiuoja, prieš pagerbimą eina nuolankumas

Patarlių 29:23 Išdidumas pažemina žmogų, o nuolankus dvasia susilauks pagarbos

Mato 23:12 Ir kas save aukština, bus pažemintas, o kas save žemina, bus išaukštintas

Jokūbo 4:6 Bet Jis duoda dar didesnę malonę, ir todėl sako: "Dievas išdidiems priešinasi, o nuolankiesiems teikia malonę"

Patarlių 8:13 Viešpaties baimė – nekęsti pikto. Išdidumo, puikybės, piktų kelių ir klastingos burnos Aš neapkenčiu

Kaip pasilikti Tavo valioje, Viešpatie? Štai kaip pasilikti Mano valioje: pasiduok Man, visiškai atsiduok. Tada Aš nukreipsiu tavo žingsnius. Kasdien. Ateik pas Mane kiekvieną dieną ir kaip vaikas klausk krypties, vedimo. Tai vaikiškas pasitikėjimas

Pasaulis nupiešė vaizdą, jog būti savarankišku – tai kelias į sėkmingą gyvenimą. Tai Mano priešo gerai sudarytas apgaulės planas. Šiuo melu jis klaidina pasaulį. Mano vaikai patys vieni siekia gyvenimo, planuodami bei projektuodami, niekada nepasitardami su Manimi, savo Kūrėju, ir tiki, kad viskas gerai. Jei tai atrodo gerai, tai ir turi būti gerai. Tačiau tai nuodėmė nori nusviesti Mano vaikus nuo siauro kelio. Tik Aš turiu teisingą kursą, teisingą kelią Savo vaikams eiti, ir tą kryptį Aš rodau jiems kiekvieną dieną

Jono 5:30 Iš savęs Aš nieko negaliu daryti. Aš teisiu, kaip girdžiu, ir Mano teismas teisingas, nes Aš ieškau ne Savo valios, bet valios Tėvo, kuris Mane siuntė

Jei žmonės turi gyventi šiame pasaulyje, kartais jie priversti planuoti į priekį. Ką manai apie tai? Mano vaike, taip, Mano vaikai gyvena pasaulyje, bet tik Aš galiu duoti kryptį ateičiai pasirinkti. Jei Mano vaikai ieško Manęs, kartais atsakymas yra: "Būk ramus ir lauk". Tik Mano vaikams, kurie sąmoningai artinasi prie Manęs, kasdien vaikšto su Manimi, bus suteiktas toks įžvalgumas. Kai Mano vaikai nutolsta nuo Manęs ir tik retkarčiais ateina pas Mane, to Aš nelaiminsiu. Aš nesu Dievas, kurį jūs galite retkarčiais patikrinti, kuo daugelis vaikų tiki. Daugelis ateina pas Mane savo krizių metu, o vėliau tampa neištikimi, pamiršdami Mane. Šie vaikai nepažįsta Manęs

Aš esu Dievas, trokštantis intymumo, artumo su Savo vaikais. Drungnumas Man yra nuodėmė, kurį Aš išspjaunu

Mato 7:21-23 Ne kiekvienas, kuris Man sako: "Viešpatie, Viešpatie!", įeis į dangaus karalystę, bet tas, kuris vykdo valią Mano Tėvo, kuris yra danguje. Daugelis Man aną dieną sakys: "Viešpatie, Viešpatie, argi mes nepranašavome Tavo vardu, argi neišvarinėjome demonų Tavo vardu, argi nedarėme daugybės stebuklų Tavo vardu?!" Tada Aš pareikšiu jiems: "Aš niekuomet nepažinojau jūsų. Šalin nuo Manęs, jūs piktadariai!"

2 SKYRIUS

NEPASITIKĖTI SAVIMI AR KITAIS

Dabar, dukra, pradėkime. Šiandien Aš noriu su tavimi pakalbėti apie tokią problemą, kaip pasitikėjimas savimi. Būti savarankišku, pasitikinčiu savo jėgomis ir egocentrišku – tai bloga yda. Tai skatina pasaulio sistema ir tai puoselėja Mano priešas

Pasitikėjimas savimi – tai nieko daugiau, kaip nuteikti save prieš Dievą. Jis vaikšto savo paties valioje be Mano valios. Kaip ir šis 40 dienų pasninkas yra Mano valia; tačiau kai žmonės daro tai, ką pasirenka, neieškodami Manęs per asmeninius santykius su Manimi, tuomet jie veikia be Mano valios ir gyvena nuodėmėje – tai yra priešinimasis Man. Aš noriu, kad Mano vaikai vaikščiotų Mano valioje. Kartais Mano valia neatrodo teisinga, lyginant su pasaulio standartais. Pasaulis liepia rinktis pinigus, padėtį, saugumą, žmogišką meilę. Mano valia nėra tai, ką pasaulis vadina normalia padėtimi. Tai atrodo kitaip. Bet Mano valia yra teisinga

Aš sukūriau žmones ir taip pat sukūriau, kad jie pasitikėtų Manimi, vaikščiotų Mano valioje, pažintų Mano valią. Kad pažinti Mano valią, jūs turite pavesti savo gyvenimą Man nuolankiame paklusnume ir kasdien ieškoti Manęs. Kurie iš tiesų ieško Manęs, skirdami laiką Man, asmeninį laiką su Manimi slaptoje vietoje, ir skaito Mano Žodį, atras Mane ir Mano valią. Tai būtinas pasirinkimas. Jūs privalote rinktis, kadangi pasaulio žlugimas gali išmušti jus iš Mano tiesaus ir siauro kelio. Yra daug kitų kelių, bet visi veda į pražūtį, nes tai kelias į pragarą, platus kelias, į kurį patenka daugelis. Nedaugelis atranda šį svarbų siaurą kelią su Manimi ir amžiną gyvenimą

Daugelis galvoja, kad eina siauru keliu, tačiau jie yra apgauti. Jie klausosi tų, kurie taip pat yra apgauti

Daugelis Mano lyderių yra apgauti ir apgaudinėja kitus, nes jie tiki, kad darant daug darbų ir būnant užsiėmusiems Mano bažnyčiose, yra saugus kelias į amžinybę; bet tai apgaulė. Tik asmeniškas, tikras Manęs pažinimas, leidžiant laiką, skiriant laiką pažinti Mane – tai raktas amzinam saugumui bei apsaugai

Psalmės 91:1-2 Tas, kuris gyvena Aukščiausiojo globoje, Visagalio šešėlyje pasilieka, sako Viešpačiui: "Tu mano priebėga ir mano tvirtovė, mano Dievas, kuriuo pasitikiu"! Kūnas (Kristaus – vert. past.) yra maitinamas bažnyčiose, bet šis kūnas negali iš tiesų gerai funkcionuoti be maisto, kurį Aš duodu slaptoje vietoje ir leidžiant laiką, kad giliau pažinti Mane. Čia iš tiesų statydinamas kūnas. Čia Aš apreiškiu Savo valią bei žodžius Savo avims ir stiprinu jas, kad išgyventų, kai priešas bando sukelti problemas. Tai yra artumas su Manimi, kurį galite išlaikyti gyvenimo išbandymų metu. Jei eini vienas, tu kovosi ir galiausiai krisi. Kadangi be Manęs tu nežinai, ko Aš reikalauju; ir galiausiai Aš esu paskutinis visų Teisėjas

Kaip jūs galite pasirengti susidurti su Mano teismu, jeigu niekuomet nesiartinote prie Manęs ir nesužinojote, ko Aš trokštu ir reikalauju iš jūsų? Kai susidursite su Manimi be šio artumo, jūs būsite tuščiomis rankomis, nes pasitikėjote savimi, savo mąstymu, valia, ir jūs stipriai krisite. Jūs prarasite ženklą

Romiečiams 14:12 Taigi kiekvienas iš mūsų duos Dievui apyskaitą už save. Nebūkite apgauti. Daugelis save vadinančių lyderiais niekada nepraleidžia laiko su Manimi ir taip pat neveikia Mano valioje, o tarsi akli veda aklus žemyn, į žlugimą

Daugelis bus nustebinti, kad buvo suklaidinti, nes pasitikėjo tais, kurie nepažįsta Manęs, ir jie bus labai suklaidinti

Jūs negalite pasitikėti tuo, kas pasaulyje atrodo teisinga. Jūs turite paklusti Man

Atiduokite visą save Man ir visa širdimi ieškokite Manęs. Štai ko Aš reikalauju

Mano Žodis kalba tiesą. Skaitykite jį teisingai ir išsiaiškinkite patys sau. Mano lyderiams taip pat labai patinka pasaulis ir jo keliai, todėl jie pakeičia Mano žodžių prasmę, taigi jie gali gerai jaustis susilieję su pasauliu. Pasaulis yra Mano priešas

Skaitykite Mano Žodį. Ši tiesa nėra paslėpta. Jūs negalite kartu mylėti pasaulio ir Manęs. Aš aiškiai kalbu apie tai. O taip, jūs esate pasaulyje, tačiau privalote sekti Manimi bei Mano keliais, kol esate pasaulyje

Jokūbo 4:4 Paleistuviai ir paleistuvės! Ar nežinote, kad draugystė su pasauliu yra priešiškumas Dievui? Taigi, kas nori būti pasaulio bičiulis, tas tampa Dievo priešu

Kiekvienas nukrypimas nuo Mano artumo ieškojimo nuves jus į pasimetimą. Jūs turite labiau trokšti leisti laiką su Manimi nei pasaulio pamišime. Jūs tampate priklausomi, tuščiai ieškantys, jei labiau pasitenkinate pasaulio dalykais nei santykiais su viso gyvenimo Autoriumi, savo Kūrėju, žvaigždžių ir dangaus Kūrėju

Hebrajams 10:38-39 Bet teisusis gyvens tikėjimu, ir jeigu jis atsitrauktų, Mano siela juo nebesigėrės

Tačiau mes nesame tie, kurie atsitraukia savo pražūčiai, bet tie, kurie tiki, kad išgelbėtume sielą

Neiškeiskite amžinosios šlovės į pasaulio siūlomą pigią sensaciją, vaikščiokite su Manimi – Kūrėju ir viso gyvenimo Išlaikytoju. Tai, ko jūs siekiate pasaulyje, yra tuščias pasitenkinimas ir galiausiai pražūtis. Jūs renkatės savo likimą, kuriate savo pačių kelią, tikite, kad Aš palaiminsiu jūsų sprendimus. Jūs neateinate pas Mane tam, kad asmeniškai pažinti Mane. Jei ateitumėte, tai mokytumėtės kitaip. Jūs esate suklaidinti pasaulio kelių ir Mano klastingo priešo. Jis norėtų jums duoti tai, ką patys laikote geriausiu sau be Manęs. To Aš negaliu palaiminti. Tuomet Mano vaikai stebisi, kodėl jie susiduria su tiek daug sunkumų. Blogiausia Mano priešo apgaulė – tikėti, kad viskas gerai tuomet, kai bėgate nuo artimų santykių su Manimi. Tai visų didžiausia apgaulė. Viskas atrodo gerai, tačiau kai jūs išvysite Mane, Aš pasakysiu jums: "Eikite šalin nuo Manęs, Aš niekada nepažinau jūsų..." Mato 7:21-22 Ne kiekvienas, kuris Man sako: "Viešpatie, Viešpatie!", įeis į dangaus karalystę, bet tas, kuris vykdo valią Mano Tėvo, kuris yra danguje. Daugelis aną dieną Man sakys: "Viešpatie, Viešpatie, argi mes nepranašavome Tavo vardu, argi neišvarinėjome demonų Tavo vardu, argi nedarėme daugybės stebuklų Tavo vardu?!" Taip, tai yra Mano žodis. Aš nesukūriau jūsų tam, kad vaikščiotumėte atskirai nuo Manęs ir siektumėte savo kelių, nepasitarę su Manimi. Taip, jūs galite daryti šiuos dalykus, nes turite laisvą valią, tačiau, kai nesate Mano valioje, nusidedate Man

Savo vaikams Aš suteikiu laisvą valią, ir jie gali rinktis ieškoti Manęs asmeniškai ir pasitikėti Mano vedimu arba gali eiti be Manęs. Kai Mano vaikai eina be Manęs, eina ne pagal Mano valią, siekia savo planų, jie veikia priešingai Mano Karalystės planams, ir tai yra nuodėmė. Tai sąlygoja žlugimą, nors jie net nežino apie tai, nes savanaudiškai tiki, jog savo gyvenime gali gyventi be Mano tobulos valios ir planų

Jie užtraukia problemas sau ir kitiems. Jie gyvena savo užgaidomis ir yra priešo spąstuose. Vaikai, atsiskyrę nuo Manęs, jūs leidotės suviliojami Mano klastingo priešo. Negalvokite apie save, kad esate išmintingi. Be Manęs jūs nieko neverti

Kodėl Aš kalbu tiems, kurie turi vaikiška tikejima, kad jie paveldės ManoKaralystę? Kadangi šie vaikai pripažįsta, kad kiekviename žingsnyje jiems reikia Manęs, visiškai taip, kaip vaikas kiekviena proga kreipiasi į savo tėvus. Vaikas žino, kad be tėvų jis yra pavojuje, taip ir Mano vaikai pripažįsta, kad be Manęs jie taip pat yra dideliame pavojuje, ir tiki kiekvienu Mano žodžiu. Štai kodėl Aš maldauju Savo vaikus praleisti laiką Mano Žodyje, kur perduota daug informacijos. Visi gyvenimo atsakymai pateikti Mano Knygoje. Aš daviau šią Knygą kaip orientyrą žmonijai

Mano Dvasia šiuose puslapiuose apreiškia tiesą. Tik visiškai paklusdami ir pilnai prieme Mano Dvasiajūs priimsite šviesą, kurios jums reikia tam, kad iš tiesų suprasti Mano žodžius. Tai nėra žmogaus mokymas, bet Mano Dvasios, kuri augina Žodį jūsų širdyse. Tik per Mano Dvasią jūs galite priimti Mano Knygos teikiamą gyvenimo šviesą

Mato 18:4 Taigi kiekvienas, kas nusižemins kaip šis vaikelis, bus didžiausias dangaus karalystėje

1 Korintiečiams 2:11-14 Kas iš žmonių žino, kas yra žmogaus, jei ne paties žmogaus dvasia? Taip pat niekas nežino, kas yra Dievo, tik Dievo Dvasia. O mes gavome ne pasaulio dvasią, bet Dvasią iš Dievo, kad suvoktume, kas mums Dievo dovanota. Apie tai ir kalbame ne žodžiais, kurių moko žmogiškoji išmintis, bet tais, kurių moko Šventoji Dvasia, – dvasinius dalykus gretindami su dvasiniais. Bet sielinis žmogus nepriima to, kas yra iš Dievo Dvasios, nes jam tai kvailystė; ir negali suprasti, nes tai dvasiškai vertinama

Pasaulis dabar pilnas apgaulės. Nebūkite apkvailinti Mano priešo skleidžiamo blogio. Jam reikėtų, kad jūs per mintis, kurias kasdien priimate, manytumėte, jog galite pasitikėti pasaulio dalykais. Jūs pasitikite viskuo, tačiau Aš esu Teikiantis gyvenimą. Jūs pasitikite pinigais, išsilavinimu, pasaulio apsauga, valdžia – tai netikra pagalba bei apsauga. Tai aukščiausio laipsnio apgaulė, kuri nuveda Mano vaikus nuo Manęs. Tuomet Mano vaikai paviršutiniškai tiki Manimi

Jie mažai kreipiasi į Mane ir pasikliauja visai kitkuo. Tai nėra artumas

Taip, jūs gerai pažįstate pasaulį ir savo troškimus, bet ne Mane. Jums reikia ateiti pas Mane ir viską padėti po Mano kojomis. Jūs negalite iš tiesų pažinti Mane, kol neatmetate pasaulio saugumo ir neateinate pas Mane, ieškodami artimų santykių

Visa kita, be šių santykių, yra drungnumas, ir Aš neapdovanosiu drungnų santykių

Taigi, daugelis išvydę Mane, bus nustebinti, kai aptiks, jog šokimas su pasauliu, o taip pat tai, kad su Manimi praleista mažai laiko, sulaikys juos nuo Mano Karalystės. Ten bus daugelis nustebinti

Apreiškimo 3:16 Bet kadangi esi drungnas ir nei karštas, nei šaltas, Aš išspjausiu tave iš Savo burnos

Ko Aš noriu ir tikiuosi iš Savo vaikų? Aš noriu jų gyvenimų. Aš noriu visiško atsidavimo. Šokis su pasauliu ir šokis su Manimi yra nuodėmė. Skaitykite Mano Žodį. O tiek daug skaito Mano Knygą ir pasiima iš jos tik tai, kas jiems patinka, kad galėtų nusiraminti; todėl jie gali džiaugtis pasauliu ir vis dar jaustis galintys įeiti į Mano Karalystę, pasibaigus jų gyvenimui. Kaip bus šokiruoti tie, kurie aptiks, jog Aš priimsiu tik tuos, kurie atidavė Man viską – paaukojo viską. Jie siekia turtų, šlovės, padėties – visko, kas buvo tuščia ir kas galiausiai sulaikys už Mano Karalystės ribų

Jų pačių valia ir ateities planavimas nulėmė jų kelią už Mano valios ribų ir be Mano teisingų planų jų gyvenimui – gyvenimui, kurį sukūriau Aš. Aš daviau jiems gyvenimą bei išlaikymą

O taip, tik Man lėmus, visa, kas gyva, diena iš dienos gyvena ir kvėpuoja. Štai kodėl Mano vaikai neturėtų būti tokie užtikrinti savarankišku planavimu be Mano valios bei nuoširdžių ketinimų jų gyvenimui. Aš galiu paimti bet kurį gyvenimą, kurį išsirinkau Savo nuožiūra. Nei vienas negyvena savo gyvenimo, anapus Mano sprendimų. Aš duodu, Aš paimu, kaip matau tinkama, kaip Aš numatęs. Štai kodėl yra tikra kvailystė, kai žmogus kuria savo planus ir eina savo keliu be Mano valios jo gyvenimui. Tai didžiausias išdidumo ir kvailystės lygis, ir tai yra blogis. Tai Mano priešo kelias, kad klaidingai vesti Mano avis žlugimo keliu, kad jie manytų, jog tai normalu ir teisinga. Tai priešo apgaulės planas, kad suklaidinti daugelį

Jobo 12:10 Jo rankoje yra kiekvieno gyvio siela ir kiekvieno žmogaus kvapas

Psalmės 104:29 Tau paslėpus nuo jų veidą, jie išsigąsta. Tu atimi iš jų kvapą, ir jie miršta, dulkėmis virsta.

3 SKYRIUS

TRENIRUOTIS NUOLANKUME

Dukra, Aš pasiruošęs pateikti tau žodžius. Klausykis atidžiai, kai Aš kalbu

Dabar Aš noriu pereiti prie naujos informacijos. Noriu kalbėti apie mokymosi kelią, kaip būti nuolankiam

Štai nuolankumo kelias. Mano nuolankiųjų širdis yra tyki ir rami. Jie vaikšto ramiai, niekada neieškodami padėties ar privilegijų. Visuose keliuose jie ieško Manęs

Jie visuomet ieško savo Dievo. Jie nenori būti dėmesio centre. Nenori ieškoti sau dėmesio ar pripažinimo

Jie tik trokšta būti Mano, jų Dievo, mylimi ir globojami. Jie pasitiki Manimi, ir Aš rūpinuosi jais. Aš patenkinu jų lūkesčius. Suteikiu tai, ko jiems reikia. Pristatau jiems visus dalykus, kurių reikia gyvenime. Aš esu jų Uola

Aš visada ištikimas Savo nuolankiems tarnams. Kiekvienos audros metu Aš suteikiu jiems taiką ir ramybę. Aš visuomet jų pusėje, visada patikimas, pasiruošęs patarnauti jiems. Aš myliu Savo nuolankius tarnus. Jie yra nuostabus aromatas Man

Aš myliu juos, ir jie myli Mane. Mes esame neišskiriami. Aš esu jų oras. Jie šviečia kaip žvaigždės. Jie neieško pasaulio kelių. Aš laikau juos pasitenkinime. Pasaulis neturi įtakos jiems. Jie ieško pasitenkinimo Manyje, ir Aš duodu tai, ko jie trokšta

Jie niekada nenusivilia. Labai nedaugelis eina šiuo keliu. Labai nedaugelis atranda tai. Vienetai atranda kelią į Mano amžinąją Karalystę

1 Petro 5:6 Tad nusižeminkite po galinga Dievo ranka, kad Jis išaukštintų jus metui atėjus

Nuolankūs Mano tarnai visada klauso Mano balso. Jie eina, kai Aš jiems liepiu, ir tarnauja džiugia širdimi, kai Man to reikia. Jiems patinka tarnauti Mano Karalystėje. Jie yra patenkinti tarnaudami savo Karaliui, ir Aš suteikiu jiems džiaugsmą bei ramybę

Mano meilė liejasi virš jų. Jie niekada nestokoja

Kad būti nuolankiu, jūs turite laikyti save paskutinėje vietoje, niekada nereikalauti pirmosios vietos

Išmintinga būti paskutiniu, ne pirmu. Kvailiai siekia pirmosios vietos

Nuolankūs Mano tarnai yra išmintingi ir žino, kas patinka Man, jų Dievui. Mano vaikai yra nuolankūs, pasaulis jų niekada nepastebi ir nesupranta, jie paslėpti nuo pasaulietiškos nuomonės

Šiame pasaulyje jie nėra vertinami, tačiau Mano Karalystėje jie yra valdovai ir karaliaujantys. Mano dangiškoje Karalystėje jie yra išaukštinti. Aš apdovanoju Savo nuolankiuosius. Jie sėdi kartu su Manimi Mano dangaus soste ir džiaugiasi Mano artumu. Nuolankieji, kurie laiko save paskutiniais šiame gyvenime, džiaugiasi padėtimi Mano Karalystėje. Jie yra išaukštinti, o savo gyvenimą žemėje laiko paklusnume. Šie pastarieji teikia Man džiaugsmą, ir Aš duodu jiems ramybę, amžiną ramybę

Morkaus 10:31 Tačiau daug pirmųjų bus paskutiniai, ir paskutiniai – pirmi

Aš vaikštau su nuolankiaisiais ir apsireiškiu jiems. Tai Mano dovana už jų auką

Koks malonus Man jų meilės kvapas, ir Aš pagerbsiu juos. Nuolankumas yra Dievo Karalystės kelias. Kiekvienas Mano Karalystėje yra pripildytas nuolankumo. Išdidumas negali patekti. Jam nėra vietos Mano Karalystėje, vien tik taikus paklusnumas

Man, Dievui. Ši Mano Karalystė kupina ramaus nuolankumo, kur kiekvienas su perteklium padengtas meile ir grožiu. Nėra nei vieno, kuris būtų nepatenkintas savo gyvenimu danguje. Vien vilties ir ramybės perteklius

Šis pasaulis pertekęs meilės

1 Jono 2:16 Nes visa, kas pasaulyje, tai kūno geismas, akių geismas ir gyvenimo išdidumas, o tai nėra iš Tėvo, bet iš pasaulio.

4 SKYRIUS

PASITIKĖJIMAS DIEVU

Pradėkime, Mano dukra (2012 m. vasario 7). Šiandien, Mano vaike, mes ketiname aprėpti naują temą: Aš noriu kalbėti apie pasitikėjimą Dievu. Mano vaikai nepasitiki Manimi. Jie sako, jog pasitiki, bet jų širdys nutolę nuo Manęs. Jie pasitiki savimi. Tai yra blogis

Jie pasitiki pasauliu ir pasaulio dalykais

Jie nevaikšto Mano keliais, nes nepasitiki jais. Jei pasitikėtų Manimi, jie vaikščiotų Mano takais, Mano valioje, Mano tobulais keliais

Jie siekia eiti kita kryptimi. Jie juda kita kryptimi. Visų savo atsakymų ieško pasaulyje: per pinigus, reputaciją, padėtį, saugumą, romantiką, pramogas... per visa, bet ne per Mane, savo Dievą! Jie gyvena apgaulėje, kai sako, jog pasitiki Manimi, bet atsakymų ieško pasaulyje. Melas, visiškas melas. "Tikėk Dievu", – sako jie, bet niekada visiškai nepaveda savo gyvenimų Man ir, ieškodami atsakymų, toliau kabinasi į pasaulį, gyvena apgaulėje, ir to net nepastebi

Taip, Aš gausiai laiminu Savo vaikus. Aš tai paverčiu lietumi bei šviesa vienodai ant teisiųjų ir nedorųjų. Bet Mano vaikai negali sakyti, jog pasitiki Manimi, ir toliau Mano akivaizdoje ramiai paleistuvauti su pasauliu. Tai pasibjaurėtina. Aš trokštu vaikų, kurie visiškai atsiduodami paves savo gyvenimus Man ir visą savo pasitikėjimą sudės į Mane, atidėdami į šalį savo ateities planus ir pasitikėdami Mano tobula valia jų gyvenimams. Jei jie yra Mano valioje, jiems nereikia stengtis ir grumtis bei nerimauti dėl rytdienos. Ar Aš nepasirūpinu žvirbliu? Kaip daug daugiau Aš rūpinuosi Savo vaikais, kurie atiduoda Man viską ir visiškai pasitiki Manimi! Mato 5:44-45 O Aš jums sakau: mylėkite savo priešus, laiminkite jus keikiančius, darykite gera tiems, kurie nekenčia jūsų, ir melskitės už savo skriaudėjus ir persekiotojus, kad būtumėte vaikai savo Tėvo, kuris danguje; Jis juk leidžia Savo saulei tekėti blogiesiems ir geriesiems, siunčia lietų ant teisiųjų ir neteisiųjų

Psalmės 4:5 Aukokite teisumo aukas ir Viešpačiu pasitikėkite

Aš esu Dievas, kuriuo galima pasitikėti. Nėra kitos Uolos. Visa kita yra laiko švaistymas

Aš per amžius esu Dievas: Alfa ir Omega, Pradžia ir Pabaiga. Manimi galima pasitikėti. Kodėl švaistote laiką ir nerimaujate dėl savo planų? Nei vienas nežino, kas bus kitą valandą. Jūsų planus gali nupūsti per vieną akimirką. Kodėl laikotės įsikibę jų, tarytum jie galėtų išgelbėti jus, tarytum jie būtų patikimi? Tai tikras stabų garbinimas! Mato 7:26 Ir kiekvienas, kuris klauso šitų Mano žodžių ir jų nevykdo, panašus į kvailą žmogų, pasistačiusį savo namą ant smėlio

Nustokite laikytis savo netobulų planų. Man paveskite savo gyvenimą, visiškai atsiduodami. Tik Aš žinau ateitį – jūsų ateitį. Tik Aš žinau, ką jūs darysite rytoj

Jūsų pačių viltys bei svajonės dėl savo gyvenimo be Mano valios nuves jus į pražūtį, kadangi tik Mano valioje, per visišką atsidavimą, yra saugu, tikrai saugu. Visi kiti vaikšto ne Mano valioje, bet savo pačių maištingoje valioje, ir todėl negali toliau būti saugūs ar užtikrinti. Tai rimta, Mano vaikai

Pabuskite ir liaukitės pasitikėti savo pačių maištingais keliais, bet pasitikėkite savo Dievu

Tik Aš žinau kelią į siaurą taką. Nebūkite apgauti, manydami, jog be Manęs galite surasti šį taką... tai kvailystė. Nedaugelis atranda šį taką, kadangi nedaugelis nustojo laikytis savo pačių kelių. Jie galvoja, kad jų keliai yra geriausi, nes visi aplinkiniai laikosi šio kelio, tačiau platus kelias veda į pragarą. Nepasitikėkite daugeliu aplinkinių, kurie yra apgauti. Ar to nesuprantate? Mano vaikai, ko jūs nesuprantate apie tai? Mato 7:13-14 Įeikite pro ankštus vartus, nes erdvūs vartai ir platus kelias veda į pražūtį, ir daug yra juo įeinančių. O ankšti vartai ir siauras kelias veda į gyvenimą, ir tik nedaugelis jį randa

Taigi, pasitikėkite Manimi. Manimi galima pasitikėti. Mano Žodis niekada neapvilia. Skaitykite Mano Knygą. Aš vesiu tuos, kurie iš tiesų nori būti vedami. Aš esu Dievas, išvaduojantis tuos, kurie paklūsta Man nuolankume ir sudužime. Taigi, ateikite ir būkite vedami, ir mokykitės pasitikėti savo Dievu.

5 SKYRIUS

ATLEIDIMAS

Pradėkime vėl (2012 m. vasario 7). Dabar Aš noriu kalbėti apie atleidimą

Vaikai, Aš noriu jums kalbėti apie atleidimo esmę. Mano vaikai neatleidžia ir savo širdyse laiko nuoskaudas prieš vienas kitą. Aš negaliu atleisti tiems, kurie patys neatleidžia. Ar aišku tai? Kaip Aš galiu atleisti jums, jei jūs patys negalite atleisti aplinkiniams. Argi Mano Žodis nekalba apie tai? Atleidimas yra meilė. Neatleidimas skatina visų rūšių nuodėmes: kartėlį, kerštą, neteisingą teismą ir t.t. Tai suteikia placdarmą priešui įeiti ir sunaikinti jus. Tai sulaiko jus nuo artumo, intymumo su Manimi, jūsų Dievu, ir sulaiko nuo Mano Dvasios priėmimo. Tai rimta

Mato 6:14 Jeigu jūs atleisite žmonėms jų nusižengimus, tai ir jūsų dangiškasis Tėvas atleis jums

Jei jūs neatleidžiate, negalite būti pasirengę greitam Mano atėjimui. Tai sulaikys jus. Tai atskiria mus

Palikite neatleidimą. Atleiskite vieni kitiems. Atsisakykite savo pykčio kitų atžvilgiu. Ką jūs laimite, kai slepiate pyktį prieš kažką? Jūs nukenčiate labiau, nei asmuo, prieš kurį laikote pyktį. Ar to nesuprantate? Ar jūsų amžinasis išgelbėjimas nėra vertesnis už pyktį kito atžvilgiu? Morkaus 11:25 Kai stovite melsdamiesi, atleiskite, jei turite ką nors prieš kitus, kad ir jūsų Tėvas, kuris danguje, galėtų jums atleisti jūsų nusižengimus

Jūs turite ištirti savo širdį ir paklausti šio klausimo: kas vertingiau – ar jūsų sielos išgelbėjimas, ar tokia smulkmena? Atleiskite ir išeikite, ir patirkite, kaip sklaidosi tamsus debesis. Net jei kitas asmuo nenori jums atleisti, melskitės už jį; taip, melskitės už savo priešus. Nuoširdžiai melskitės už jį, ir Aš sušildysiu jūsų širdį atžvilgiu tų, kurie skaudina jus. Aš duosiu jums minkštą širdį

Kaip jūs galite tikėtis, kad tie, kurie nevaikšto Mano keliais ir kurie neturi Mano Šventosios Dvasios, elgsis su jumis taip, lyg jie būtų tokie? Jūs turite atsilyginti malone, kantrybe, pakantumu tiems, kurie nepažįsta Manęs. Tiems, kurie nepažįsta Manęs, kurie iš tiesų nepažįsta Manęs, neįmanoma elgtis taip, lyg jie būtų tokie. Ar to nesuprantate? Jūs negalite to tikėtis iš tų, kurie vaikšto be Manęs

Mato 5:44-45 O Aš jums sakau: mylėkite savo priešus, laiminkite jus keikiančius, darykite gera tiems, kurie nekenčia jūsų, ir melskitės už savo skriaudėjus ir persekiotojus, kad būtumėte vaikai savo Tėvo, kuris danguje; Jis juk leidžia Savo saulei tekėti blogiesiems ir geriesiems, siunčia lietų ant teisiųjų ir neteisiųjų

Pasaulis galvoja, kad jie gali veikti be savo Dievo. Tai savęs apgaudinėjimas

Tik Aš laikau viską kartu. Tik Aš atvedu žmogų į teisingą gyvenimo kelią. Pasaulis, kuris atmeta Mane, laikosi neteisingos krypties ir blogio apgaulės. Visa tapo taip bloga

Nėra tiesos, vien tik kompromisai ir apgaulė. Be Mano tobulų kelių, žmonija gyvena apimta apgaulės bei korupcijos. Niekuo ir nei vienu negalima pasitikėti. Tik Mano nuotaka, kuri palikta žemėje ir vaikšto Mano tobuloje valioje, yra tiesiame kelyje. Tik ji yra nepalenkiama ir teisinga. Visi kiti vaikšto neteisingame blogio kelyje – nepastovūs visuose savo keliuose

Netrukus nuotaka bus paimta, ir pasaulis praras visą šviesą. Viską sunaikins tamsa. Ši diena artėja

Atleidimas – tai raktas, norint susigrąžinti savo kelią pas Mane. Atleiskite kiekvienam. Neverta dėl neatleidimo prarasti savo sielą

Luko 6:37 Neteiskite ir nebūsite teisiami; nesmerkite ir nebūsite pasmerkti; atleiskite ir jums bus atleista

Daugelis niekina vienas kitą – mažai kantrybės, mažai pagarbos. Visa tai veda į nesantaiką. Tai veda į nepasitenkinimą, sužeistus jausmus. Mano vaikai yra savanaudžiai. Jie visame kame nori būti pirmi. Jie labai nejautrūs kitų poreikiams, nepakankamai rūpinasi kitais. Tai skatina ginčus ir pyktį

Vaikai, Aš nuliūdęs dėl šito, betgi problemos esmė kyla iš egoizmo. Tai kyla dėl nuolankumo stokos

Patarlės 15:33 Viešpaties baimė moko išminties, prieš pagerbimą eina nuolankumas

Tik su nuolankia širdimi jūs pajėgsite sėkmingai gyventi tarpusavyje

Jūs turite atsisakyti savo troškimų ir padaryti, kad aplinkiniai liktų patenkinti

Tai reikalauja užimti nežymią vietą tarp visų tų, kurie arti jūsų. Tai nuolankumo kelias. Tai duoda vaisių: ramybę, pasitenkinimą, malonią aplinką

Nedaugelis mokosi taip gyventi. Nedaugelis atranda šią tiesą. Tačiau tai yra ramybės kelias, Mano kelias

Aš duodu šias gyvenimo taisykles, kad Mano vaikai galėtų gyventi ramybėje ir pasitenkinime, bet jei jie rinksis kitus kelius, galiausiai turės nesantaiką ir daug nepasitenkinimo

Kada jie sužinos, kad Mano kelias yra geriausias kelias keliauti? Aš žinau viską

Aš žinau, kokiu būdu Mano vaikai gali geriausia sugyventi kartu. Aš duodu taisykles bei nurodymus, kurie vestų Mano vaikus į namus, kur taikus būstas ir pasitenkinimas

Tai, žinoma, reikalauja, kad Mano vaikai atsisakytų savo kelių bei troškimų ir laikytųsi Mano taisyklių

Psalmės 34:14 Šalinkis pikto ir daryk gera. Ieškok ir siek taikos

Savanaudiški pasirinkimai veda į nelaimingus namus. Leiskite Man vadovauti jūsų namuose... leiskite Man viešpatauti jūsų širdyse. Mano kelias yra ramybė, taika, meilė

Aš paverslu jūsų namus laiminga buveine, kurią numačiau Savo vaikams

Noriai paveskite savo širdis Man, ir Aš išliesiu ramybę

Jūsų namiškiai trykš ramiu pasitikėjimu, meile ir taikiu gyvenimu

Vaikščiojimas ramaus pasitenkinimo, nuolankumo keliais ir rūpinimąsis kitų jausmais, atneša pasitenkinimo vaisių. Leiskite Man valdyti jūsų namiškius, ir Aš suteiksiu namams džiaugsmą bei pasitenkinimą

Psalmės 37:11 Bet romieji paveldės žemę ir gėrėsis taikos apstumu.

6 SKYRIUS

GYVENTI PASAULYJE, BET NEBŪTI "PASAULIO"

Pradėkime. Šiandien Aš noriu kalbėti apie gyvenimą pasaulyje. Mano vaikai gyvena pasaulyje, tačiau nereikia būti "pasaulio". Pasaulis yra Mano priešas. Aš bjauriuosi jų triuškinančiu blogiu

Vaikai, jūs galite vaikščioti tarp jų pasaulyje, nedalyvaudami pasaulio reikaluose. Pasaulis nuves jus pražūties ir sielvarto keliais

Jokūbo 4:4 Paleistuviai ir paleistuvės! Ar nežinote, kad draugystė su pasauliu yra priešiškumas Dievui? Taigi, kas nori būti pasaulio bičiulis, tas tampa Dievo priešu

Aš esu vienintelis jūsų šventumo, taikos ir ramybės šaltinis. Nesukite pasaulio kryptimi. Jūs būsite tik suklaidinti. Jūs turite pasukti Mano kryptimi. Šią lemtingą valandą tvirtai laikykitės Manęs. Aš turiu jums visus atsakymus

Aš noriu jūsų pasigailėti liūdesyje bei sielvarte, tačiau jums būtina galutinai nukreipti savo gyvenimą į Mane – tik tada Aš galiu paimti jį ir apsaugoti jus

Pasaulyje jūs galite vaikščioti saugiai ir nebūti įtakojami pagundų, bet jums reikia, kad Aš būčiau jūsų pusėje. Aš galiu pervesti jus per begalinį pasaulio pamišimą. Pasaulis veda jus iš kelio ir atskiria nuo Manęs

Aš noriu, kad jūs sutelktumėte dėmesį į Mane. Laikykite savo žvilgsnį nukreiptą į Mane, savo Gelbėtoją. Aš esu jūsų Durys į saugumą. Visos kitos durys veda į pražūtį. Nebūkite apgauti ir neatitraukite savo žvilgsnio nuo Manęs. Aš suteikiu viltį pasaulyje, kurios nesuteikia niekas

O, tai tik atrodo kaip viltis, bet tai, kas atrodo normalu, yra apgaulinga

Psalmės 25-15 Visada mano akys į Viešpatį krypsta – Jis mano kojas išpainios iš pinklių

Tai paskutinės valandos. Pasaulis yra laikų pabaigoje. Pasaulis taip įtikinamai atrodo normalus, tačiau viskas ne taip – tai veda į pražūties kelią

Netrukus daugelis supras, kad yra per vėlu. Atverkite savo akis. Pasaulis siūlo vien netikrą viltį

Leiskite Man vesti jus. Paveskite savo gyvenimą Man. Aš atversiu jūsų akis per Savo Šventąją Dvasią, ir jūs būsite atnaujinti, ir matysite dalykus tokius, kokie iš tiesų yra, o tuomet sužinosite tiesą. Tik Mano Šventoji Dvasia gali atverti jūsų dvasines akis, kad parodyti, kaip jūs suklaidinti dėl pasaulio kelių. Aš pasiruošęs duoti jums dvasinio tepalo akims, kuris padėtų įvykti šiam pasikeitimui. Jūs turite prašyti Manęs jo

Paveskite savo gyvenimą, širdį, sielą, dvasią ir leiskite Man parodyti, kaip jums saugiai vaikščioti pasaulyje..

Apreiškimo 3:18 Aš tau patariu pirkti iš Manęs ugnyje išgryninto aukso, kad pralobtum, baltus drabužius, kad apsirengtum ir nebūtų matoma tavo nuogumo gėda, ir tepalo pasitepti akims, kad praregėtum.

7 SKYRIUS

PAĖMIMAS IR AVINĖLIO VESTUVIŲ POKYLIS

Pradėkime. Šie žodžiai skirti bet kam, kas priima juos. Šiandien Aš ketinu kalbėti apie Mano nuotakos, Mano bažnyčios paėmimą

Šis momentas greitai ateis. Daugelis vaikų nėra pasiruošę. Jie kovoja su Manimi ir kabinasi į pasaulį. Jie nori vaikščioti pasaulio keliais. Jie skuba pirmyn ir atgal, ir nekreipia dėmesio į Mano duodamus įspėjimus. Netrukus įspėjimai baigsis, ir Aš turėsiu ateiti, ir nuotaka bus perkelta. Ji bus išimta iš kadro

Danieliaus 12:4 O tu, Danieliau, paslėpk tuos žodžius ir užantspauduok knygą iki skirto laiko

Daugelis ją perskaitys ir įgaus pažinimo

Jos tapatybė nėra žinoma pasauliui. Ji gerai paslėpta. Aš saugiai atskyriau ją

Mano šviesa šviečia per ją – paskutinė likusi šviesa žemėje. Laikas trumpas, ir netrukus šviesa bus užgesinta. Mano pasiųstieji iš žemės tironijos iškeliaus į savo saugius dangiškus namus

Šis paėmimas bus didelis įvykis – Mano pasiruošusių vaikų perkėlimas. Nėra buvę panašaus įvykio žmonijos istorijoje. Nebus nieko panašaus nei prieš, nei po. Tai bus visų laikų didysis "Išėjimas"

Mano vaikai staiga išvyks ir gaus naujus šlovingus kūnus. Šie kūnai bus atsparūs ir amžini. Jie seks Mano šlovingo kūno pavyzdžiu. Aš esu pirmasis vaisius iš daugelio kitų. Šie vaikai patirs gyvenimą, kokio niekada anksčiau nepažino – šlovingą gyvenimą, amžiną gyvenimą

1 Korintiečiams 15:51-54 Aš jums atskleisiu paslaptį: ne visi užmigsime, bet visi būsime pakeisti, – staiga, viena akimirka,

skambant paskutiniam trimitui. Trimitas nuskambės, ir mirusieji bus prikelti negendantys, o mes būsime pakeisti. Nes šis gendantis turi apsivilkti negendamybe, ir šis marus apsivilkti nemarybe. Kada šis gendantis apsivilks negendamybe ir šis marusis apsivilks nemarybe, tada išsipildys užrašytas žodis: "Pergalė prarijo mirtį"! Prieš Mano vaikų paėmimą bus daug nuostabių dalykų. Leiskite Man duoti jums žvilgtelti: Mano vaikams atvykstant, jie bus sutikti savo mylimųjų – šeimos ir draugų, kurie jau danguje. Aš stebėsiu. Tai didelės šlovės akimirka. Kokia dovana būti sujungtam su šeima, kurios ilgą laiką ilgėjaisi... Tada Mano vaikai bus nuvesti į didįjį Avinėlio vestuvių pokylį. Aš vadovausiu šiam įvykiui

Apreiškimo 19:9 Ir angelas sako man: "Rašyk: 'Palaiminti, kurie pakviesti į Avinėlio vestuvių pokylį'." Jis pridūrė: "Šie žodžiai yra tikri Dievo žodžiai"

Stalas bus dosniai paruoštas – viskas bus numatyta. Šio įvykio detalės bus stulbinančios. Mano vaikai bus susodinti į priešakines vietas, kur gryno aukso raidėmis bus išrašyti jų vardai. Kiekvienoje numatytoje vietoje stovės auksiniai indai su įstatytais brangakmeniais. Čia bus vientiso aukso plokštės, taip pat nusagstytos brangakmeniais. Staltiesė bus gryno šilko, išsiuvinėta auksiniais siūlais

Šviesa švies per audinį. Puodeliai bus auksiniai, su brangakmenių apvadais. Kiekvienoje numatytoje vietoje bus ypatinga dovana kiekvienam vaikui

Dovana bus iš brangių prisiminimų apie Mano santykius su šiuo vaiku. Tai bus unikalu kiekvienam vaikui. Kiekviena dovana turės ypatingą reikšmę kiekvienam vaikui, primenančią mūsų ilgalaikius ir tvirtus savitarpio santykius. Šio įvykio – Mano vestuvių pokylio – metu bus daug staigmenų

Mato 22:2 Su dangaus karalyste yra panašiai kaip su karaliumi, kuris kėlė savo sūnui vestuves

Mano stalas bus pilnas šviesos – žvakių šviesos, nuostabių Menorų (žvakidžių – vert. past.). Mano vaikai dėvės šviesos rūbus. Jie trykš šviesa, nes ten nebus šešėlių

Jokūbo 1:17 Kiekvienas geras davinys ir kiekviena tobula dovana yra iš aukštybių, nužengia nuo šviesybių Tėvo, kuriame nėra permainų ir nė šešėlio keitimosi

Aš pakelsiu tostą už Savo nuotaką. Giedosiu gyrių jai, nes Man ji gražiausia

Bus šokiai ir muzika, visi aplinkui linksminsis

Nuotaka matys Mane visoje Mano šlovėje, nes Mano vaizdas bus akinantis

Mano grožis suspindės ir Mano meilė išsilies, priblokšdama visus dalyvius. Mano Tėvas su dideliu malonumu stebės, nes bus daug šokių bei linksmybių

Aš šoksiu su Savo nuotaka, ir mes būsime kaip vienas. Mano vaikai šoks bei linksminsis. Visos širdys bus laimingos. Nei viena nebus nuliūdusi. Tai bus didžioji šlovės ir meilės valanda

Orą pripildys balandžiai. Jie skraidys, gražiais raštais ir formomis išrašydami gražias žinutes Mano nuotakai. Ji bus pagarboje

Pas Savo nuotaką Aš atvyksiu su žiedu. Ant šio žiedo bus užrašyti mūsų vardai

Gėlės bus visur ir visokių spalvų – naujos spalvos ir senos spalvos. Orą pripildys aromatas, dangiški kvepalai. Nuo viso to Mano vaikai skęs ekstazėje

Luko 15:22 Bet tėvas įsakė savo tarnams: "Kuo greičiau atneškite geriausią drabužį ir apvilkite jį. Užmaukite jam ant piršto žiedą, apaukite kojas"

Jobo 38:6-7 Ant ko pritvirtintas jos pamatas arba kas padėjo jos kertinį akmenį, kai kartu giedojo ryto žvaigždės ir iš džiaugsmo šaukė visi Dievo sūnūs

Per didžiasias Avinėlio vestuves susirinks visa dangiškoji daugybė ir giedos gyrių

Kiekvienas giedos gyrių Karaliui, Jo nuotakai atėjus. Ji pasiruošė. Pradėkime džiūgauti! Apreiškimo 19:7 Džiūgaukime ir linksminkimės, ir duokime Jam šlovę! Nes atėjo Avinėlio vestuvės, ir Jo nuotaka pasiruošė

Jono 1:29 Kitą dieną Jonas, matydamas pas jį ateinantį Jėzų, prabilo: Štai Dievo Avinėlis, kuris naikina pasaulio nuodėmę! Mano vaikams taip pat bus parodyti jų rūmai: o, dukra, koks grožis ir prabanga

Akis neregėjo ir ausis negirdėjo to, kas laukia Mano šlovingosios nuotakos, kuri myli Mane

1Korintiečiams 2:9 Bet skelbiame, kaip parašyta: "Ko akis neregėjo, ko ausis negirdėjo, kas žmogui į širdį neatėjo, tai paruošė Dievas tiems, kurie Jį myli"

Dukra, šie rūmai bus daug žavesni, nei kas nors žemėje gali pasiūlyti. Niekas negali prilygti didingumui to, kas sukaupta Mano nuotakai. Šie namai atitinka kiekvieno vaiko skonį bei interesus. Nėra dviejų tokių pačių rūmų. Kiekvienas skiriasi nuo kitų

Jono 14:2-3 Mano Tėvo namuose daug buveinių. Jeigu taip nebūtų, būčiau jums pasakęs

Einu jums vietos paruošti. Kai nuėjęs paruošiu, vėl sugrįšiu ir jus pas Save pasiimsiu, kad jūs būtumėte ten, kur ir Aš

Mano vaikai bus apstulbinti to, ką išvys kiekvienuose rūmuose. Visos detalės bus malonios ir sužavės jų savininkus. Žemėje nėra nieko panašaus, kad galima būtų apibūdinti puošybą bei grožį kiekvieno iš šių neįtikėtinų namų

Visi interjerai turi nepakartojamų staigmenų. Šie rūmai gyvybingi. Jie nuveda Mano vaikus į nuostabias vietas ir iš jų, Mano vaikų pasimėgavimui bei patirčiai

Mes kartu dalinsimės šiais nuotykiais. Mes juoksimės ir žvalgysimės. Šis Nuotykiai niekada nesibaigs. Visur bus sodai ir malonumai. Orą pripildys muzika ir nuostabūs aromatai. Kiekvienas namas bus pripildytas meilės ir juoko. Vienatvė niekada nebus problema danguje. Aš visada linksminsiuos su Savo vaikais ir mėgausiuos kiekvieno jų kompanija

Psalmės 36:8 Jie pasotinami Tavo namų riebalais, Tu duodi jiems gerti iš Tavo malonumų upės

Mano meilė apgaubs kiekvieną jų žingsnį. Juokas, meilė ir džiaugsmas yra šių amžinųjų namų atpildas – neapsakomas džiaugsmas, amžinas malonumas

Tai tik ateinančių dalykų paragavimas. Mano vaikai neturi jokio supratimo apie tai, kas jų laukia. Žemėje nėra priemonių, kuriomis galima būtų tiksliai pavaizduoti tai, kas laukia. Tik to liudytojai asmeniškai pateiks teisingus aprašymus

Taigi, Mano vaikai, ateikite ir gėrėkitės dangaus malonumais amžinojoje Karalystėje ir namais, kurie ypatingai, su švelniu rūpesčiu paruošti Mano nuotakai

Psalmės 16:11 Tu parodysi man gyvenimo kelią. Tavo akivaizdoje yra džiaugsmo pilnatvė. Tavo dešinėje – malonumai per amžius.

8 SKYRIUS

PASIRUOŠIMAS PAĖMIMUI

Pradėkime. Dabar, dukra, ateinant dienoms prieš paėmimą, reikia daug ką paruošti. Mano vaikams reikia leisti laiką su Manimi slaptoje vietoje – tylos laiką, laiką pažinti Mane. Man reikia jų dėmesio ir kompanijos. Aš noriu su jais dalintis Savo širdimi. Man reikia visiško, pilno jų širdžių ir gyvenimų atidavimo bei atsiribojimo nuo pasaulio

Psalmės 91:1 Tas, kuris gyvena Aukščiausiojo globoje, Visagalio šešėlyje pasilieka

Mano vaikai prisirišę prie pasaulio. Jie mano, kad šis pasaulis jiems turi viską

Šis pasaulis yra tuščias ir beširdis. Kiekvienas žmogus – už save, nei vienas iš tiesų nesirūpina niekuo kitu. Tai tarsi šuo ėstų šunį pasaulyje. Kiekvienas ieško, ką gauti iš kažko dėl savo savanaudiškų tikslų. Tai beviltiškas ir skurdus pasaulis. O Mano vaikai vis dar laikosi tikėjimo, kad jis dar turi šviesią ateitį jiems. Jie užhipnotizuoti prarastųjų, kurie aukština savo prarastus kelius

Mano vaikams reikia atsiskirti nuo šios beprotybės ir sugrįžti prie Gyvojo Dievo, Savo Kūrėjo, kuris turi visus šio ir kito gyvenimo atsakymus

Aš esu didis Dievas visoms gyvoms ir alsuojančioms sieloms. Aš turiu amžinojo gyvenimo raktus. Atsiduokite Man visiškai, iki Mano didžiojo atėjimo į žemę pasiimti Savo nuotakos; atsitraukite ir leiskite pasauliui gauti tai, kas jam pagrįstai priklauso

Jobo 12:10 Jo rankoje yra kiekvieno gyvio siela ir kiekvieno žmogaus kvapas

Tai netrukus įvyks. Atsidavimas yra butinas reikalauja būti Mano nuotakos, Mano išgelbėtų vaikų tarpe. Nėra išimčių. Visiškas

41

atsidavimas leidžia Mano Dvasiai ateiti į jūsų dvasią ir atnaujinti bei apvalyti jūsų širdis Mano padengiančiu atpirkimo Krauju bei šviesa, sklindančia iš Mano Žodžio. Visa tai būtina jūsų sielai: būti apvalytiems nuo dėmių, raukšlių, išbalintiems ir pasirengusiems jūsų perkėlimui į saugią vietą. Jei abejojate, skaitykite Mano Žodį! Efeziečiams 5:25-27 Jūs, vyrai, mylėkite savo žmonas, kaip ir Kristus pamilo bažnyčią ir atidavė už ją Save, kad ją pašventintų, apvalydamas vandens nuplovimu ir žodžiu, kad pristatytų Sau šlovingą bažnyčią, neturinčią dėmės nei raukšlės, nei nieko tokio, bet šventą ir nesuteptą

Melskite Šventosios Dvasios pripildymo. Atsisakykite savo gyvenimo, atgailaukite už savo nuodėmes. Pradėkite pasninkauti, demonstruodami savo atgailą dėl nuodėmių, atliktų Mano, jūsų švento Dievo, akivaizdoje. Aš vėl pripildysiu jus; Aš nuvesiu jus į amžiną tiesą, kuri yra Mano keliuose ir Mano valioje

Jūsų valia nuves jus į pražūtį. Tai platus kelias. Mano Žodis sako ateiti į Mano valią. Tai siauras kelias, saugus kelias. Aš nuvesiu jus į jį

Mato 7:13-14 Įeikite pro ankštus vartus, nes erdvūs vartai ir platus kelias veda į pražūtį, ir daug yra juo įeinančių. O ankšti vartai ir siauras kelias veda į gyvenimą, ir tik nedaugelis jį randa. Mano Žodis ves jus į šviesos kelią. Visi kiti keliai veda į amžiną pražūtį

Ateikite į Mano šviesą, į Mano valią. Atiduokite Man savo gyvenimą. Leiskite Man atleisti jūsų praeities nuodėmes ir parodyti jums kelią, kuris veda į laisvę nuo nuodėmės vergystės

Psalmės 119:105 Tavo žodis yra žibintas mano kojai ir šviesa mano takui

Nėra reikšmės, kuri nuodėmė laiko jus vergystėje. Aš galiu išlaisvinti jus, bet jūs pirmiausia privalote atsiduoti, atgailauti ir pripažinti, kad nusidėjote, kad norite būti išlaisvinti, ir daryti tai atgailaujant, atvira širdimi. Aš mėgausiuosi išlaisvindamas jus iš nuodėmės vergystės, kuri suriša ir sukausto jus. Nesvarbu, kas laiko jus kalėjime – Aš galiu išlaisvinti jus

Nieko nėra Man neįmanomo – nieko! Aš atėjau išlaisvinti belaisvių. Tačiau jūs turite prašyti! Luko 1:37 ...nes Dievui nėra negalimų dalykų

Leiskite Man išvaduoti jus nuo šio svorio. Leiskite Man paimti jūsų sielvartą bei širdgėlą. Leiskite nuraminti jūsų mintis ir paimti jūsų naštą. Leiskite Man paruošti jus Savo šlovingam atėjimui. Visa tai jūsų dalis – atsidavimas; atsisakykite visų savo žemiškų troškimų ir ateikite pas Mane visiškai atsiduodami. Aš suteiksiu jums ramybę, kuri pranoksta visą pažinimą, ir jūs galėsite būti išteisinti Mano akivaizdoje

Aš galiu pastatyti jus į teisingą padėtį Mano, Tėvo ir Šventosios Dvasios atžvilgiu

Filipiečiams 4:7 Ir Dievo ramybė, pranokstanti visokį supratimą, saugos jūsų širdis ir mintis Kristuje Jėzuje

Šios meilės jūs negalite nusipirkti ar įsigyti. Ji yra nemokama: nemokamai priimti, nemokamai prašyti. Skubėkite, nes pasiūlymo laikas ribotas, kadangi artėja Mano sugrįžimo laikas. Nepavėluokite. Dabar laikas nusiplauti Mano Kraujyje ir pasiruošti

1 Jono 1:7 O jei vaikščiojame šviesoje, mes bendraujame vieni su kitais, ir Jo Sūnaus Jėzaus Kristaus kraujas apvalo mus nuo visų nuodėmių

Tęskime, dukra. Šiandien Aš noriu pakalbėti apie valandą tiems, kurie palikti

Po paėmimo pasaulis neliks toks pat. Visur bus didelė suirutė. Pasaulis nebeatrodys toks pat. Teroras smogs žemei. Mano drungnieji vaikai žinos, kas atsitiko, ir išsigąs; didelė baimė trenks į jų širdis

Pasaulis nebefunkcionuos normaliai. Kraštovaizdis nebeatrodys toks pat

Visur bus gaisrai ir katastrofos. Žmonės bus bejėgiai, kai minios žmonių žvalgysis, ką iš žmonių pagrobti ir atimti

Nebus armijos, kuri padėtų žmonėms, nes viskas bus chaose

Daugelis praras savo gyvybes, nes į žemę staiga ateis sunaikinimas. Visos pasaulio šalys nebeatrodys taip pat, nes daug žmonių žus vienu metu

1 Tesalonikiečiams 5:3 Kai žmonės kalbės: "Ramybė ir saugumas", tada juos ir ištiks netikėtas žlugimas, tarytum gimdymo skausmai nėščią moterį, ir jie niekur nepaspruks

Iš visų pusių žemėje kils panika. Nebus kur kreiptis paguodos. Maistas baigsis

Visur bus neviltis. Tai tęsis tam tikrą laikotarpį, kol įžengs antikristas ir atneš pasauliui savo kontrolę

Iš pradžių tai atrodys kaip palengvėjimas, paklaikusiems žmonėms vėl regint normalią būseną, tačiau atėjęs palengvėjimas atneš mirtį daugeliui. Tiems, kurie atsisakys lenktis šiai sistemai, bus įvykdyta mirties bausmė, o daugelis bus nukankinti ir nužudyti

Tiems, kurie atsisako būti jo sistemos dalimi, jis nebus malonus, kadangi jis nieko netoleruos. Jis yra blogio šerdis. Jis visą žemę įtrauks į savo tironiją. Visa žemė nusilenks jo kontrolei, iš nevilties rasti pagalbą nuo chaoso, kilusio po paėmimo

Tai bus tamsiausia diena žmonijai. Daugelis žudysis, ieškodami palengvėjimo

Tai nėra Mano sprendimas, todėl tai neturi būti laikoma išeitimi

Antikristas įdiegs žvėries ženklą žmonėms, kaip kontrolės priemonę

Atmetusieji ženklą, užsitrauks mirties nuosprendį

Apreiškimo 13:16-17 Jis vertė visus, mažus ir didelius, turtuolius ir vargšus, laisvuosius ir vergus, pasidaryti ženklą ant dešinės rankos arba ant kaktos, kad nė vienas negalėtų nei pirkti, nei parduoti, jei neturės to ženklo ar žvėries vardo, ar jo vardo skaičiaus

Apreiškimo 14:11 Jų kankinimo dūmai kils per amžių amžius, ir jie neturės atilsio nei dieną, nei naktį – tie, kurie garbina žvėrį bei jo atvaizdą ir ima jo vardo ženklą

Tuomet daugelis Mano drungnų pasekėjų supras kainą, kurią turės sumokėti, kad galėtų ateiti į Mano Karalystę. Tiek daug nepaklus antikristui ir tiek daug mirs dėl savo tikėjimo. Tokių bus didelis skaičius

Nebus svarbu, kiek mirs dėl antikristo. Jo širdis bus užvaldyta jėgos bei kontrolės. Jis nesirūpins tais, kurie praranda savo gyvenimus. Tai bus tamsi diena tiems, kurie išpažins Mano vardą. Daugeliui Mano vardas garantuos mirtį. Mano vardui bus priešinamasi, ir jis simbolizuos maištą prieš antikristo sistemą, ir jie norės sunaikinti visus, kurie skelbia Mane ir Mano kelius

Koks tamsus laikas artėja, vaikai. Šie tamsūs laikai buvo žemėje praeityje, tačiau niekada nebuvo taip tamsu, kaip laukia priešakyje. Tai nebus maloni vieta tiems, kurie pasilieka, vaikai. Viešpataus tamsa. Štai ką matys Mano drungna bažnyčia

Drungnos bažnyčios gausiai grįš pas Mane. Žmonės ieškos Manęs kaip niekada anksčiau. Aš, žinoma, būsiu ten, bet jie turės praeiti sunkius laikus. Šeimos bus išskirtos, ir bus liūdesys. Visa tai įvyks, nes Mano vaikai užkietino savo širdis ir išliko užkietinę sprandus daugeliui Mano įspėjimų. Viso to galima būtų išvengti, jei Mano vaikai ateitų pas Mane, nuolankia širdimi šauktųsi atgailos, ieškotų Mano veido, mokytųsi asmeniškai pažinti Mane. Bėkite į Mano laukiantį glėbį. Aš parodysiu jums tiesą apie greito Mano sugrįžimo valandą ir kaip būti pasirengus kaip nuotaka

Ateikite, vaikai. Bėkite, Aš laukiu, kad išgelbėčiau jus nuo viso to. Aš esu Didysis Gelbėtojas. Mano troškimas – išgelbėti jus. Nei vienas neprivalo būti paliktas

Yra vietos visiems, kurie ateina ir atiduoda savo gyvenimus Man. Aš reikalauju visiško jūsų atsidavimo ir atgailos už nuodėmes. Nebūkite apgauti, nes nėra kito kelio

Leiskite Man palengvinti šį artėjantį laiką! Pradėkime vėl. Mano vaikai tiki, kad perspektyvoje turi daug laiko. Jie nesupranta, kad Aš praradau pakantumą šiam pasauliui. Mano vaikai per daug suvilioti šio pasaulio, kad matytų, kaip stipriai pasaulis nutolęs nuo Mano tiesos ir ką Aš, Dievas, atstovauju. Netgi jų bažnyčios yra toli nuo Mano Žodžio, Mano Tiesos, Mano Knygos

Mano kaimenių lyderiai suvilioti žemiškos veiklos ir Mano darbą atlieka savo malonumui. Jie nebeturi ir nebesiekia tyros meilės Man. Jie siekia turto, gerovės, patikimumo iš aplinkinių ir tiki, kad Aš laiminsiu juos

Jie tiki savo skaitlingomis bažnyčiomis, kaip sėkmės ženklu, ir kad tai patinka Man. Man patinka, kai Mano lyderiai pabrėžia savo vaikams visuose savo keliuose visų pirma ieškoti Manęs ir vaikščioti su Manimi tykiame artume. Labai nedaugelis moko šito, todėl kad tai neglosto daugumos ausų, – jie nori įtraukti į savo statinius

Daugelį įtraukia pinigai, ir pinigai kiekvieną padaro laimingą, tačiau Mano Karalystė – ne dėl turtų šiame gyvenime

Luko 16:13 Joks tarnas negali tarnauti dviems šeimininkams, nes jis arba vieno nekęs, o kitą mylės, arba prie vieno prisiriš, o kitą nieku vers. Negalite tarnauti Dievui ir Mamonai

Mano lyderiai yra toli nuo Manęs, ir kodėl gi ne? Jei jie pasitenkina dideliais skaičiais, tuomet kada yra jų laikas Man? Aš esu jų egzistavimo esmė! Aš esu Tas, Kuris atneša saulę ir lietų

Tai tamsi valanda, ir kiekvieną dieną vis tamsėja, tačiau Mano lyderiai slepia šią tiesą nuo Mano kaimenių. Jie nuslepia tai ir atneša tik žodį apie laimę bei džiaugsmą

Mano kaimenės apgautos ir nėra paruoštos. Jie galvoja, kad viskas gerai, ir toliau tęsia, kaip visada

Kokie įspėjantys žodžiai sugrąžintų juos? Ką jie turėtų išgirsti, kad patikėtų, jog Mano Knygoje išdėstyta visa tiesa? Tačiau niekas negirdi, niekas netiki

Kas privalo pasakyti bažnyčiai, kad laikytųsi įspėjimų ir, kartu su pasaulio dalykais, atmestų savo manijas ir budėtų bei pasiruoštų

Ozėjo 4:6 Mano tauta žūsta dėl pažinimo stokos! Kadangi tu atmetei pažinimą, tai ir Aš atmesiu tave, kad nebebūtum Mano kunigu. Kadangi pamiršai savo Dievo įstatymą, tai ir Aš pamiršiu tavo vaikus

Jie yra silpni ir suklaidinti. Laikas baigiasi, o bažnyčia tebelieka pernelyg patenkinta, tarytum viskas būtų gerai. Kaip apgauta drungnoji bažnyčia. Kaip vangiai jie siekia Manęs ir viso to, ką Aš atstovauju. Jei bažnyčia tikrai siektų Mano artumo, tai nei vienas Mano įspėjimas nebūtų jiems staigmena, ir jie būtų visiškai išgirsti

Tai didi tamsos valanda bažnyčioms. Labai nedaugelis domisi ir priima įsakymus. Labai nedaugelis laikosi Mano priesakų ir kelių. Malonė neteikiama tiems, kurie gyvena sąmoningai maištaudami, neatgailaudami. Jūs galite užgesinti ir nuliūdinti Mano Šventąją Dvasią, ir tuomet, ką tu darysi, bažnyčia? Efeziečiams 4:30 Ir neliūdinkite Šventosios Dievo Dvasios, kuria esate užantspauduoti atpirkimo dienai

Kuomet jūs išstumiate Mano Dvasią iš savo gražių pastatų, nes Ji per daug priešinga jūsų skoniui, – Aš ir Mano Dvasia esame viena. Ką jūs garbinate, jei iš savo tarpo išstūmėte Mano Dvasią ir Mano Dvasios judėjimą? Tiesiog, ką jūs garbinate? Jūs garbinate stabus. Apaštalų darbai 7:51 Jūs, kietasprandžiai, neapipjaustytomis širdimis ir ausimis! Jūs, kaip ir jūsų tėvai, visuomet priešinatės Šventajai Dvasiai

Jūs sukūrėte savo pačių pasidarytą dievą – dievą, kuris patenkina jūsų žemiškus potraukius bei troškimus, – tačiau tai nėra Vienintelis Tikrasis Gyvasis Dievas. Tai paprasčiausias stabas. Jūs galvojate, kad žmonės, praeityje garbinę auksines statulas, buvo gėdingi, – jūs nesate kitokie. Ateik pas Mane, bažnyčia, su nuolankia atgaila, ir Aš apvalysiu tavo sielą. Aš atleisiu tavo mamonos vaikymąsi ir atsitraukimą nuo Manęs. Aš geidžiu susigrąžinti tave Sau. Leisk Man atnaujinti tave ir suteikti tau ramybę bei teisumą prieš Dievą

Morkaus 8:36 Kokia gi žmogui nauda, jeigu jis laimėtų visą pasaulį, o pakenktų savo sielai? Esant dabartinei padėčiai, tu esi nutolusi nuo Manęs ir Mano kelių. Šito Aš nelaiminsiu. Prašau, atsigręžk į Mane, o prarastoji bažnyčia! Aš vis dar laukiu, dar šiek tiek ilgiau. Vėlavimas nėra išeitis. Šauk apie pavojų ir atkreipk dėmesį į įspėjimus. Imkis priemonių! Daugelis gyvenimų yra pavojuje! 2 Timotiejui 4:3-4 Nes ateis laikas, kai žmonės nebepakęs sveiko mokslo, bet, pasidavę savo įgeidžiams, pasikvies sau mokytojus, kad tie dūzgentų ausyse; jie nukreips ausis nuo tiesos ir atvers pasakoms.

9 SKYRIUS

APIE PRARASTĄJĄ BAŽNYČIĄ

Pradėkime. Tai žodis, kuriuo Aš noriu kreiptis į prarastąją bažnyčią, į tuos, kurie mano, jog yra saugūs Manyje, bet yra nutolę nuo Manęs. Dabar Aš kreipiuosi į jus

Daugelis esančiųjų bažnyčiose tiki, kad jiems atskleista visa tiesa apie Mane ir apie tai, ką Aš atstovauju. Bet tiesa yra sušvelninta versijos, kad Aš esu daugelyje bažnyčių pasaulyje. Tai reiškia, kad žmonėms sakoma pusė tiesos, kadangi žmonės netoleruoja visos tiesos

Jie nenori žinoti visos Mano Evangelijos. Jie nori girdėti tai, kas glosto jų ausis ir pataikauja jų troškimams būti pasaulyje ir gyventi žemišką gyvenimą

Mano sugrįžimo valanda artėja, ir Aš negaliu paimti Savo svyruojančių, drungnų tikinčiųjų. Jie bus palikti. Tuomet jie sužinos, ką jiems padarė jų pusiau suinteresuotas tikėjimas

Apreiškimo 3:15-16 Žinau tavo darbus, jog esi nei šaltas, nei karštas. O, kad būtum arba šaltas, arba karštas! Bet kadangi esi drungnas, ir nei karštas, nei šaltas, Aš išspjausiu tave iš Savo burnos

Dabar, vaikai, jūs negalite pasikliauti, kad jūsų bažnyčios lyderiai pateikia jums visą tiesą. Jūs patys turite ieškoti visos tiesos. Jūs turite skaityti Mano Knygą, visa širdimi atsiduoti Man ir atgailaujančia, nuolankia širdimi prašyti pripildyti Mano Dvasia. Kito kelio nėra. Aš noriu visiško atsidavimo. Aš pakeisiu jūsų gyvenimą į pilnateisį bei gausų gyvenimą, ir jūsų akys bus atviros tiesai, Mano tiesai. Tuomet suprasite, ko Aš reikalauju, kad būti priimtiems į Mano Karalystę

Mano bažnyčia pametė regėjimą, ką reiškia būti Mano pasekėju. Jie neseka Mano priesakais ir keliais. Jie ieško spragų, kad daryti būtent tai, ko jie nori, ir vis dar gerai atrodo patys sau. Tai tęsiasi jau labai ilgą laiką, bet dabar tai nesuvaldoma, ir labai nedaugelis trokšta visos tiesos, labai nedaugelis nori suprasti, ką iš tiesų sako Mano Žodis. Jie nori mažų istorijų, kad gerai jaustųsi ateidami ir nueidami, bet niekada iš tiesų nenori pažinti Manęs ar to, kas Aš esu

Jie tik galvoja, kad pažįsta Mane. Daugelis Mano pasekėjų iš tikrųjų nepažįsta Manęs

Dauguma tik paviršutiniškai domisi santykiais su Manimi. Jie pilnai nesuvokia, ką reiškia pasidaryti Mane savo Dievu. Aš esu tik stebėtojas, stebintis jų gyvenimą, niekada iš tikrųjų neturėjęs dalies jų gyvenime, niekada iš tiesų nesidalijęs artimais santykiais

Mato 7:21-23 Ne kiekvienas, kuris Man sako: "Viešpatie, Viešpatie!", įeis į dangaus karalystę, bet tas, kuris vykdo valią Mano Tėvo, kuris yra danguje. Daugelis Man sakys aną dieną: "Viešpatie, Viešpatie, argi mes nepranašavome Tavo vardu, argi neišvarinėjome demonų Tavo vardu, argi nedarėme daugybės stebuklų Tavo vardu?!" Tada Aš jiems pareikšiu: "Aš niekuomet jūsų nepažinojau. Šalin nuo Manęs, jūs piktadariai!"

Tai labai liūdina Mane, nes štai tikroji priežastis, dėl kurios Aš sukūriau Savo vaikus: dėl artumo su Manimi, kad drauge eiti šio gyvenimo keliu. Tačiau pasaulis taip gundo juos, kad jie pasirinko blogesnį kelią, nei ateiti ir pažinti savo Kūrėją. Kaip baisu būti taip sudomintiems kūrinija ir atmesti savo Kūrėją – Kūrėją viso to, kuo jie yra susidomėję. Kaip tai išties baisu! Mano vaikai, jūs nepastebite, kad Aš reikalauju šventumo ir ištikimybės

Vaikai, Aš noriu būti jūsų pirmoji mintis, jūsų pirmoji meilė, jūsų pirmasis visame kame. Štai kam jūs buvote sukurti – amžinai būti Mano kelionės draugais. Jei dabar nesirenkate su Manimi eiti šiuo keliu, kaip Aš galiu tikėtis, kad mes galėsime amžinai būti kelionės draugais? Su kuo jūs tikitės būti sujungti amžiams – su Manimi ar su Mano priešu? Jūs patys turite atsakyti į šį klausimą

Mano meilė gilesnė už bet kokią žmogui žinomą meilę. Neapsigaukite siekdami trumpalaikio, žemesnio pasitenkinimo. Jūs niekada nepažinsite didesnės meilės už Manąją

Vaikai, jums reikia ištirti savo širdį ir patikrinti savo sielą. Jūs ir Aš – kur mes esame? Kur Aš esu jūsų gyvenime? Ar Aš iš šalies stebiu, ar mes iš tikrųjų turime realius santykius? Ar Aš esu jūsų gyvenimo šerdis? Kur jūs norite, kad Aš būčiau? Jūs turite atsakyti patys sau

Aš laukiu jūsų. Mano glėbys plačiai atvertas, kad visiškai priglausti jus po Savo sparnais santykiams su jūsų Kūrėju, jūsų Dievu

Artėja metas priimti svarbų sprendimą. Ar norite būti Mano nuotaka? Ji visame kame yra Mano. Ji laukia Manęs ir stebi Mane. Aš jai esu daugiau nei trumpalaikė užgaida. Aš nesu Tas, kurio ji šaukiasi su pertraukomis ar kai jai kažko reikia. Ji ir Aš esame sujungti. Aš pajudu, ji pajuda. Mes susiliėję, mes esame viena. Ji yra Mano valioje ir leidžiasi Mano siauru keliu. Mūsų kursas yra suderintas

Taigi, Mano vaikai, Aš leidžiu jums rinktis. Nors Aš noriu, kad pasirinktumėte Mane, tačiau jūs turite laisvą valią. Taigi Aš kviečiu jus ateiti į tobulą ryšį ir jums skirtą tikslą. Pasirinkimas jūsų. Nelaukite per ilgai, kad pasirinkti. Pasiūlymas netruks amžinai.

10 SKYRIUS

PASAULIO GEISMAS

Taip, dukra, mes galime pradėti. Susana, štai apie ką Aš noriu kalbėti šiandien: Nuodėmė, kuri iškyla žmonių širdyse, – tai pasaulio geismo nuodėmė. Visi pasaulio keliai yra blogis: blogi žmonės įkvepia blogus veiksmus. Visa, ką daro pasaulis, yra be Dievo

Pasaulis nėra Mano valioje, taigi jis nėra Mano valia. Pasaulis dažnai pareiškia, kad pažįsta Mane, tačiau jis toli nuo Manęs ir Mano tiesos. Jis visa jėga pasileidžia ta kryptimi, kuria sąmoningai nori eiti, niekada nesikonsultuodamas su Manimi, savo Kūrėju. Tai yra blogis

Veikti be Mano valios yra blogis. Valia, kuri nėra blogis, yra tik Mano valia. Ar nesuprantate šito, Mano vaikai? Kaip pasaulis dabar gali judėti Dievo kryptimi, kai jis taip nutolęs nuo to, kas Aš esu ir ką Aš atstovauju? Aš laikausi šventumo, širdies tyrumo, įstatymo ir tvarkos, tiesos ir moralės. Šis pasaulis meta iššūkį visiems Mano keliams ir nėra net priartėjęs prie to, ką Mano Knyga iškelia kaip tiesą ir Mano amžiną kelią

Pasaulis kiekviena proga šmeižia Mane bei Mano kelius ir tuos, kurie seka Mane. Mano kelių nėra paisoma ir jie nėra gerbiami. Jei taip būtų, šis pasaulis nepatirtų nelaimių, sunkumų, ligų ir liūdesio, kurie pribloškia jį. Mano kelias atneša palaiminimus. Pasaulio kelias atneša prakeikimą ir prakeikimų gausą

Tik tie, kurie išties glaudžiai vaikšto su Mano Žodžiu ir Manimi, patiria taiką ir ramybę net tuomet, kai Aš suteikiu blogiausias sąlygas. Tai Mano nuotaka, kuri nekrūpčiodama seka Mane. Ji pažįsta Mane. Ji myli Mane. Ji nenutolsta nuo Manęs

Ji žino, kad Aš esu jos gyvenimo šaltinis, jos jėga, jos meilė, jos stiprybė

Kur ji dar gali eiti, kad gautų tokį komfortą? Ji geriau žino, ką reiškia dėl kitų mylimųjų palikti Mano pusę. Aš buvau išmėgintas, išbandytas, ir ištikimas jai. Aš visame kame esu jos. Nėra nieko, kas jos akyse galėtų užimti Mano vietą

Pasaulis nepažįsta Mano meilės. Jis pasirinko blogesnį pasitenkinimo variantą

Kaip liūdna dėl tų, kurie laikosi pasaulio ir jo kelių, manydami, jog šio pasaulio sistema turi visus atsakymus

Netrukus šis pasaulis neteks savo paskutinės likusios šviesos, kai Aš paimsiu Savo nuotaką iš jų tarpo. Kai ji bus išimta iš kadro, tuomet pasaulis taps labai tamsus, – apleista vieta. Ten nebus ko ieškoti, kas primintų kelrodę tiesos ir grožio šviesą; seks vien tik didžiulės bjaurastys ir blogis. Štai kas netrukus ateis į pasaulį

Štai kas netrukus įvyks

2 Tesalonikiečiams 2:3-4 Tegul niekas jūsų neapgauna kuriuo nors būdu! Pirmiau turi ateiti atkritimas ir būti apreikštas nuodėmės žmogus, pražūties sūnus, prieštarautojas, kuris išaukština save prieš visa, kas vadinama Dievu ar garbinama, ir pats sėdasi kaip Dievas Dievo šventykloje, rodydamas save esant Dievu

2 Tesalonikiečiams 2:6-7 Jūs gi žinote, kas dabar jį sulaiko, kad jis būtų apreikštas savo metu. Nedorybės paslaptis jau veikia, kol bus patrauktas tas, kas jį sulaiko

Pasaulis, kuris negyvena pagal Mano įstatymus ir principus, yra kaip laivas be vairo. Tai negyvas ir mirštantis laivas, skęstantis laivas. Netrukus, vaikai, kaip niekad anksčiau matysite mirtį ir naikinimą. Todėl kad šis pasaulis pasirinko atsisakyti savo Dievo, savo Kūrėjo. Nebūkite apgauti

Pasaulis nebegali toliau egzistuoti be Mano tiesos ir Mano kelių. Tai skęstantis laivas. Laikas išlipti iš šio laivo. Ar jūs ateisite, kai Aš paraginsiu Savo tikinčiuosius? Seksite paskui Mane ar liksite įsikibę klaidinančios vilties, kurios laikosi šis pasaulis dėl visų savo atsakymų? Ar vis dar klausotės vilkų avių kailyje, kurie sako, kad nieko nėra blogo ir viskas yra gerai? Tai vilkai, kurie iš tiesų nepažįsta Manęs, kurie turi šventumo formą, tačiau paneigia jo jėgą. Ar ketinate ir toliau likti suklaidinti bei apakinti, nes jums labai patinka pasaulis? 2 Timotiejui 3:5 ...turintys dievotumo išvaizdą, bet atsižadėję Jo jėgos. Šalinkis tokių žmonių! Ateikite ragauti Dievo ir atraskite, kokia didelė tiesa, didelė ramybė, didelė meilė. Aš esu Dievas! Vykitės Mane, vaikai. Pažinkite Mane. Verta ieškoti Manęs

Verta pažinti, skirti laiko Man. Aš esu Tas, kuris suteikė jums būtį. Ar nenorite praleisti amžinybės su Manimi? Tai pasirinkimas. Tai vieta, kur visa, kas gero šiame gyvenime, kas ateina iš Manęs, yra prarandama. Taip, visa, kas gera šiame pasaulyje, ateina iš Manęs. Aš visa tai sukūriau. Jeigu ne Aš, jokių gerų dalykų, kurie jums taip patinka ir laikomi savaime suprantamais, kurie kyla iš Dievo širdies, niekuomet nepatirsite dar kartą

Taigi, rimtai pamąstykite apie tai. Jūs apsprendžiate savo amžinybę – su Dievu ar be Jo. Jūs renkatės, jūs nusprendžiate. Ar Aš paimsiu jus, kai ateisiu pasiimti Savo nuotakos? Tai jūsų pasirinkimas. Bet turi būti sumokėta kaina. Jūs turite paminti pasaulio meilę bei pomėgius, kadangi pasaulio keliai nėra Mano keliai. Aš leisiu jums apsispręsti dėl pasirinkimo krypties. Labai nedaugelis pasirenka Mano kelią, labai nedaugelis..

1 Jono 2:15 Nemylėkite pasaulio, nei to, kas yra pasaulyje. Jei kas myli pasaulį, nėra jame Tėvo meilės.

11 SKYRIUS

PASAULIS VEDA Į SUGEDIMĄ

Pradėkime, Mano dukra. Dabar Aš noriu kalbėti, apie netrukus vyksiančius įvykius

Pasaulis veda į sugedimą. Didžiuliai tamsos debesys plinta visur aplink

Greitai, labai greitai šis pasaulis pasikeis. Kai nuotaka bus patraukta, viskas jame staiga pasikeis

Pasaulis taps tamsus kaip niekada, be vilties atsigauti. Mano vaikai, netrukus tai įvyks. Pradėkite ruoštis šiai realybei. Aš neperdedu tiesos. Mano žodžiais galima pasitikėti. Šių pasikeitimų valanda jau greitai ateina. Kursas suplanuotas ir negali būti sustabdytas

Pasaulis taps piktas, ir nei žmogus, nei valdžia ar jėga negalės sustabdyti to, kas ateina. Tai atskleistas paskutiniųjų dienų apreiškimas. Pasirodo Mano Sūnaus sugrįžimo valanda. Netrukus pasaulis supras, kad atsitiko kaip vagystė naktį. Šis įvykis nesustabdomas. Tai buvo išpranašauta, ir tai dabar ateina iš praeities, kaip pasakyta Mano Žodyje

1 Tesalonikiečiams 5:2 Jūs patys gerai žinote, kad Viešpaties diena užklups lyg vagis naktį. Vaikai, jums reikia ruoštis. Pasiruoškite. Būkite pasirengę greitam Mano atėjimui ir Mano Sūnaus apsireiškimui. Jis ateis su Savo angelų armija debesyse, susigrąžinti Savo mylimųjų. Ši valanda beveik čia pat

O ištikimieji, pakilkite. Pasiruoškite didžiausiam per visą istoriją įvykiui – Jaunikis ateina Savo nuotakos. Ateikite ir pasiruoškite. Viskas turi būti parengta

Ateikite ir būkite paruošti per Avinėlio Kraują. Padenkite save Jo Krauju. Tai prieinama. Atsiduokite Jo didžiajai meilei. Padarykite Jį savo pradžia ir pabaiga. Mes esame viena – Tėvas, Sūnus ir Šventoji Dvasia

Dabar, vaikai, priešas kuria savo planus. Jis pasiruošęs pradėti savo atakas prieš žmoniją. Visa civilizacija yra arti pokyčių, vedančių į visišką žlugimą. Aš nenoriu, kad jūs būtumėte netikėtai užklupti. Tačiau šie dideli neramumai netrukus įvyks. Jums reikia pasiruošti. Žmonija yra arti nuosmukio, nepataisomoje pamišimo ir nuodėmės būsenoje. Tik kai Mano Sūnus grįš į žemę, visa tai pasibaigs, tik tuomet bus nugalėtas blogis

2 Tesalonikiečiams 2:8 Tada pasirodys nedorėlis, kurį Viešpats sunaikins Savo burnos kvėpimu ir sutriuškins Savo atėjimo spindesiu

Netrukus, vaikai, jūs turėsite padaryti išvadą: kuo jūs tikėsite? Ko jūs laikysitės: pranykstančios žemės ar Mano valios bei Mano kelių? Aš siūlau amžiną Karalystę

Netikėkite, kad šioje žemėje yra kokia nors ateitis jums. Visa labai greitai žlugs

Kraštovaizdis pasikeis amžiams. Nebūkite godūs, nesilaikykite įsikibę ateities, kuri neegzistuoja. Nešvaistykite savo laiko

Susitaikykite su šia tiesa ir pabuskite jai. Aš rodau jums tiesą. Skaitykite Mano Knygą ir lyginkite su tuo, kas rutuliojasi dabar. Panašumai yra tokie patys, kadangi visa tai ateina iš praeities, kaip kad Aš kalbėjau labai seniai. Tai nėra atsitiktinumas

Tai galingas Dievo Žodis, ateinantis iš praeities. Mano Žodis nesusilpnėjo ir nėra neveikiantis. Mano Žodis yra patikimas. Aš esu Visagalis Dievas, kalbantis tiesą, nesilpnėjantis, turintis visą jėgą, nesikeičiantis karalių Karalius ir viešpačių Viešpats. Mano žodžiai nesikeičia..

1 Petro 1:24-25 Mat "kiekvienas kūnas – tartum žolynas, ir visa žmogaus garbė tarsi žolyno žiedas. Žolynas sudžiūsta, ir jo žiedas nubyra, bet Viešpaties žodis išlieka per amžius". Toks yra jums paskelbtas Evangelijos žodis

Pabuskite jūs, miegantys. Dabar laikas pabusti. Būkite budrūs. Dabar yra laikas

Praregėkite. Palikite pasaulio dalykus ir atkreipkite dėmesį

Artėja vidurnaktis

Vaikai, maldauju jus. Nebūkite užkluptl netikėtai. Būkite pasiruošę. Ruoškitės

Sūnaus sugrįžimo valanda jau čia pat.

12 SKYRIUS

AŠ GREITAI ATEINU

Pradėkime. Nūnai, dukra, ryšium su tuo, kad Aš greitai ateinu, šiandien Aš noriu imtis pasaulio reikalų

Pasaulis visur išgyvena pasikeitimų protrūkį. Pasikeitimai ateina iš visų pusių: greitas Mano nuotakos paėmimas, tų, kurie paruošė save – apsivalė Mano Krauju ir Mano nuplaunančiu Žodžiu. Be to, nuotakos paėmimą lydi dramatiška baigtis: staigus žlugimas ir antikristo sistemos pakilimas

Efeziečiams 5:25-27 Jūs, vyrai, mylėkite savo žmonas, kaip ir Kristus pamilo bažnyčią ir atidavė už ją Save, kad ją pašventintų, apvalydamas vandens nuplovimu ir žodžiu, kad pristatytų Sau šlovingą bažnyčią, neturinčią dėmės nei raukšlės, nei nieko tokio, bet šventą ir nesuteptą

Tai bus staigūs katastrofiški pokyčiai. Pasaulio istorijoje nebebus nieko didesnio už šiuos pokyčius. Paliktieji patirs tai, o paimtieji supras tai

Šių pokyčių metu daugelis mirs, nes į žemę ateina naikinimas. Ten bus nuolatinis naikinimas, kadangi bus išlieta Mano rūstybė. Ką žemė matė iki šiol, yra tik pavyzdys to, kas ateina. Štai kodėl Aš vis dar duodu Savo įspėjimus per šiuos ženklus ir per daugelį Savo tarnų – vienodai per jaunus ir senus

Mano įspėjimai buvo aiškūs ir derantys tiek su Mano Žodžiu, tiek su įspėjimais, kuriuos Aš duodu per kitus. Manyje nėra pokyčių – Aš esu amžina Tiesa. Mano tiesa nesikeičia, Mano Žodis nesikeičia

Vaikai, kadangi ši valanda baigiasi, tai atėjo laikas visiems aplinkui skelbti ir įspėti apie neišvengiamą bausmę, ateinančią į žemę. Daugelis galvoja, kad Mano Knyga yra legenda ar puiki pasaka, tačiau kiekvienas žodis yra tiesa, ir visa ateina iš praeities

Netrukus apreiškimas išsipildys numatytu laiku. Jūs savo akimis matysite visa tai ateinant. Tai jau vyksta, nors jums tiesiog reikia laiko skaityti ir atkreipti dėmesį

Visa, kas vyksta, buvo jau seniai išpranašauta. Taigi, palikite savo abejones. Liaukitės klausytis tų, kurie nepažįsta Manęs. Patys skaitykite Mano Knygą. Ieškokite Mano Šventosios Dvasios vedimo. Ji visada pasiekiama, kad apreikštų tiesą, kad balzamu pateptų akis – štai ko jums reikia, kad suprastumėte tiesą

Apreiškimo 3:18 Aš tau patariu pirkti iš Manęs ugnyje išgryninto aukso, kad pralobtum, baltus drabužius, kad apsirengtum ir nebūtų matoma tavo nuogumo gėda, ir tepalo akims pasitepti, kad praregėtum

Aš nenoriu, kad jūs būtumėte nejučiomis užklupti. Noriu, kad suvoktumėte tiesą ir kad būtumėte pasiruošę ir blaivūs. Aš noriu, kad Mano vaikai eitų į šviesą ir suprastų tiesą

Tiesa yra pasiekiama, lengvai pasiekiama. Dabar nėra priežasties pasilikti tamsoje ir nebūti pasiruošusiems tam, kas ateina. Aš galiu vesti jus, vadovauti jums

Leiskite Man tai daryti, Aš trokštu tai daryti

Aš noriu paruošti jus ir užtikrinti, jog galite išvengti sunkumų, kurie ateina į žemę, – dar ne viskas prarasta. Vaikai, ateikite į Mano patikimą glėbį. Aš esu rūpestingas, mylintis Dievas, pasiruošęs rūpintis jumis, nepriklausomai nuo to, ką jūs darėte ar kur buvote. Ateikite, ateikite! Tai jūsų išgelbėjimo valanda. Nebūkite palaipsniui įtraukiami į pasaulio kontrolę, nes jis atmeta vienintelį tikrą, gyvąjį Dievą ir Mano tobulus kelius

Daugelis lauks pernelyg ilgai ir apgailestaus dėl savo sprendimų. Neleiskite, kad taip atsitiktų jums

Aš pasiruošęs su jumis dalintis Savo širdimi... atsiverti jums... pasiimti jus su Savimi ir dalintis intymiomis akimirkomis. Tai Mano troškimas: pakelti jus ir pernešti per sudėtingas sąlygas

Prašau, leiskite Man dalintis su jumis sudėtingiausiomis gyvenimo akimirkomis

Aš noriu, kad leistumėte Man guosti jus. Aš geidžiu tokių savitarpio santykių su jumis – o, kaip Aš to geidžiu. Neatstumkite Manęs, savo Kūrėjo. Priimkite Mano pasiūlymą būti arti jūsų, arčiau, nei bet kas kitas kada nors buvo. Štai ką Aš siūlau, Mano vaikai: savitarpio santykius, kurie skiriasi nuo bet kokių kitų žmogiškų santykių – būti viena su savo Dievu, kuris žino jus geriau nei bet kas kitas... Aš siūlau šitokį artumą. Aš siūlau jums Savo širdį. Mano dalis yra duoti, ir Aš duodu tai jums. Jūsų dalis yra prašyti. Tik nedaugelis prašo to, tačiau tai yra pasiekiama

Vaikai, Aš atveriu Savo širdį, kviesdamas jus įeiti, dalytis, mėgautis Mano buvimu

Ateikite pažinti Mane daugiau, nei tik kaip tolimą, atokiai esantį Dievą

Aš galiu priartėti. Aš galiu dalintis Savo giliausiomis mintimis ir rūpintis jumis

Aš galiu paguosti jus, pasiimti jus blogiausiu metu ir padrąsinti sunkiausiomis akimirkomis. Aš esu mylintis Dievas, pasiruošęs atsiverti ir dalintis su jumis Savo artumu, kartu eiti per šį gyvenimą. Jums niekada nebereikia vėl vienišiems eiti šiuo keliu. Aš visada esu šalia jūsų. Aš esu čia, kad paguosčiau, palaikyčiau ir padrąsinčiau. Ateikite per savitarpio santykius pažinti Mane, – Aš visada noriu, kad mes dalytumės drauge

Štai kam jūs sukurti – būti arti Manęs. Tai jūsų gyvenimo tikslas. Jūs galbūt manote kitaip, tačiau Aš esu jūsų Kūrėjas, ir Aš sakau, kad yra taip. Aš noriu būti jūsų nuosmukiuose ir jūsų pakilimuose, sunkiu metu ir džiugiu metu – drauge dalintis gyvenimu, drauge vaikščioti tiesiais keliais. Štai gyvenimas, kurį Aš suplanavau jums – Mano tobulas planas ir valia jūsų gyvenimui

Psalmės 139:3 Matai, kada vaikštau ir kada ilsiuosi; žinai visus mano kelius

Taigi, ateikite pas Mane. Atiduokite savo gyvenimą Man. Padėkite jį priešais Mane nuolankiai paklusdami, ir Aš paimsiu jį bei apvalysiu ir paruošiu jus Savo Karalystei; ir Mano vestuvių pokylyje jūs galėsite dalyvauti kaip Mano nuotaka

Tačiau jūs turite prašyti, ir Aš visa tai jums duosiu. Aš trokštu paimti jus į Savo pasaulį

Aš, Dievas, esu pasirengęs ir laukiu. Liaukitės gyventi savo gyvenimą be savo Kūrėjo.

13 SKYRIUS

LAIKAS SKUBA, MANO VAIKAI

Taigi pradėkime. Vaikai, Aš kreipiuosi į Savo vaikus: laikas skuba, Mano vaikai

Aš greitai atvyksiu ant baltų balandžių sparnų, ant puikaus žirgo, su milijonų milijonais angelų. Ši diena artėja. Jūs privalote būti pasiruošę, laukiantys, budintys, žvelgiantys į Mane

2 Tesalonikiečiams 3:5 Viešpats telenkia jūsų širdis į Dievo meilę ir Kristaus kantrybę

Aš esu tikslus – visada laiku. Mano Žodis yra geras. Aš darau tai, ką sakau, ir darau tai laiku

Ši valanda artėja prie pabaigos. Taigi nepraraskite drąsos tie, kurie su didžia viltimi laukiate Manęs, nes jūs nebūsite nuvilti

Aš esu Dievas, skelbiantis Savo Žodį. Mano Žodis yra geras, patikimas; Aš esu Uola! Nei vienas, statantis savo tikėjimą ant Manęs, nebus nuviltas. Nei vienas! Aš nesikeičiu. Aš esu tas pats vakar, šiandien ir per amžius. Aš esu Alfa ir Omega! Vaikai, jūs turite pasiruošti. Atidėkite į šalį žemiškus rūpesčius ir ruoškitės

Kaip jums pasiruošti? Aš noriu nuolankaus atsidavimo

Aš noriu kuklumo, nuoširdžios atgailos ir savo nuodėmių pripažinimo, nes jūs esate atskaitingi prieš Šventą Dievą

Aš noriu visiško atsidavimo, nieko nepasiliekant sau

Aš noriu, kad visą savo tikėjimą sudėtumėte į Mane

Aš noriu, kad prisipildytumėte Mano Šventaja Dvasia. Ateikite ir pilnai pripildykite žibintą aliejumi

Aš noriu, kad nusiplautumėte Mano Žodyje. Aš noriu, kad apsivalytumėte Mano brangiu Krauju, kurį Aš dovanojau dėl jūsų išpirkimo

Aš noriu, kad visuose savo keliuose ieškotumėte Manęs ir pažintumėte Mane slaptoje vietoje

Aš noriu, kad jūs diena iš dienos vaikščiotumėte su Manimi, kiekvienu momentu pasitikėtumėte Manimi

Aš noriu, kad jūs melstumėtės Man ir visą dieną kalbėtumėtės su Manimi

Tai kalba jūsų Viešpats. Vaikai, Aš noriu, kad būtumėte budrūs, regintys ir žvelgiantys į Mane. Aš noriu, kad jūs matytumėte ženklus, atpažintumėte laikus ir skaitytumėte Mano Knygą

Nebūkite tamsoje be tiesos

Tai tamsos valanda, ir ji netaps šviesesnė. Šviesa neateina į šį pasaulį, vien tik siaubas, laukia tikras siaubas

Klausykite atidžiai: Mano tiesa visada yra patikima. Jūs visada galite pasikliauti ja. Aš jau sakiau, kad tamsos laikas buvo atėjęs, o štai dabar jis yra šalia jūsų. Vaikai, ne laikas būti pernelyg patenkintais, užkluptais bemiegant. Pakilkite, ateikite į Mano tiesą

Pasikeiskite Mano atžvilgiu. Aš laukiu jūsų. Išsilaisvinkite iš pasaulio. Tam kad tikėtumėte visa širdimi. Nesilaikykite įsikibę griūvančio pasaulio taip, tarytum jis turėtų jums visus atsakymus. Liaukitės dvejoję tarp pasaulio ir Manęs. Aš negaliu priimti pusės jūsų širdies pašventimo. Tai niekada nebus priimtina. Jūs privalote ateiti pas Mane visiškai atsiduodami, arba mes niekada negalėsime būti kartu amžinybėje. Tai Mano būtina sąlyga, norint ateiti į Mano Karalystę. Štai kodėl Mano nuotaka yra pasirengusi tapti dalimi viso Mano pasaulio. Ji visame kame pasiryžusi dovanoti save Man. Aš noriu visiško atsidavimo. Nieko mažiau

Vaikai, Aš visiškai numiriau dėl jūsų ir nusižeminau iki mirties – nieko neliko neužbaigto. Neliko neužbaigtų reikalų – Aš prisiėmiau viską: visą Save – štai ką Aš atidaviau

Aš niekada neatsitraukiaunuoSavo troškimo prisiimti jums numatytą bausmę. Prisiėmiau tai pilnu saiku. Kiekviena akimirka buvo sunki ir kankinanti. Buvau kaip šunims atiduota avis. Nieko Man neliko, kai tai baigėsi. Kaina buvo pilnai sumokėta. Psalmės 22:16 Apspito Mane šunys, nedorėlių gauja aplink Mane. Jie pervėrė Mano rankas ir kojas

Neatmeskite šios didelės kainos, kurią Aš sumokėjau už jūsų bausmę. Jei atmesite šią auką, negausite dar vieno atleidimo už savo nuodėmes. Nėra kito atleidimo už nuodėmes. Nors žmonės to ieško, bet tai neegzistuoja. Aš vienintelis sumokėjau – Savo pralietu Krauju, Savo kančia ant kryžiaus, Savo sulaužytu kūnu, Savo sužeista širdimi. Aš sumokėjau jūsų kainą, jūsų bausmę, ir Aš tai noriai atlikau, Savo paties valia, kad jūs pilnai galėtumėte džiaugtis draugyste su Mano Tėvu, Manimi ir Mano Dvasia. Štai ką ir dėl ko Aš iškenčiau

Hebrajams 13:12 Todėl ir Jėzus, norėdamas Savo krauju pašventinti tautą, kentėjo už vartų

Tai brangi dovana, Mano vaikai. Kaina negali būti padidinta – nėra kainos, kurios pakaktų. Neskaičiuokite, tai neturi vertės ir nesvarbu. Elkitės pagarbiai su šia dovana. Nėra didesnės dovanos už tą vienintelę Dievo jums duotą

Dabar, vaikai, Aš neprašau atsilyginti už šią dovaną. Nėra užmokesčio, kurį galėtumėte sumokėti, kad galėtumėte bent prisiliesti prie tos vertės. Ji yra nemokama – duodama laisva valia ir laisvam jūsų naudojimui. Neatmeskite ir neatsisakykite šitokios didžiulės tokio nuolankaus ir dosnaus Dievo dovanos

Šios didelės dovanos atmetimas užtrauks amžiną bausmę. Šios dovanos atmetimas nuves į amžiną pragarą. Ar suprantate, Mano vaikai? Taigi nesielkite nerūpestingai su šia dovana. Rūpinkitės ja, nes tai brangiausia jūsų Dievo auka už jūsų išgelbėjimą bei išlaisvinimą nuo pasmerkimo amžinoms kančioms pragare

Hebrajams 10:29 Tik pagalvok: kaip dar sunkesnės bausmės nusipelnys tas, kuris kojomis sutrypė Dievo Sūnų, nešventu palaikė Sandoros kraują, kuriuo buvo pašventintas, ir įžeidė malonės Dvasią! Tai iš tiesų nepaprasta dovana. Nedaug kas šiame pasaulyje atkreipia į tai dėmesį ir vertina tai. Nedaug kas vaikščios Mano auksinėmis gatvėmis dėl savo išdidaus požiūrio į Mano didelę ir brangią dovaną žmonijai. Nebūkite apgauti. Labai pavojinga blogai elgtis su šia didele dovana. Taigi laikykite ją arti, saugokite, gerbkite Mano dovaną ir džiaukitės ja, kadangi per ją yra amžinas išgelbėjimas, viltis ir amžinasis gyvenimas didžiojoje Dievo Karalystėje

Tik Aš galėjau sumokėti už Savo dovaną žmonijai ir tik Aš galėjau užbaigti tai, ko jokia kita gyva siela negalėjo atlikti. Aš laisvai dovanoju Savo neatšaukiamą meilę, Savo meilę, didesnę už bet kokią kitą žinomą meilę. Ateikite vakarieniauti su Manimi prie Mano meilės stalo ir patirkite meilę, nepanašią į jokią kitą. Aš duodu laisvai. Tai vienintelis viso gyvenimo pasiūlymas

Imkite... imkite laisvai. Tai ne visada bus prieinama

Tai išlieta Mano meilės auka. Ateikite, kas trokštate..

Viešpats Jahushua

Galingasis Karalius

Nuolankusis Avinėlis

Išlietoji auka.

14 SKYRIUS

PASAULIS NUSISUKO NUO MANĘS

Pradėkime, Mano vaike. Vaikai, Aš noriu kreiptis į pasaulį, kuris nusisuko nuo Manęs. Šis pasaulis nusisuko nuo Manęs ir nuo dalykų, kuriuos Aš simbolizuoju. Jis tapo vulgarus ir netinkamas gyventi

Jokūbo 4:4 Paleistuviai ir paleistuvės! Ar nežinote, kad draugystė su pasauliu yra priešiškumas Dievui? Taigi, kas nori būti pasaulio bičiulis, tas tampa Dievo priešu

Mano vaikai, šis pasaulis pilnas nuodėmės. Nėra kur kreiptis dėl šventumo ir tiesos. Netgi Mano bažnyčios nutolusios nuo Manęs. Netgi tie, kurie tvirtina, jog pažįsta Mane, yra atitolę. Jie per rankos atstumą laikosi atstu nuo Manęs. Aš net Savo lyderiams nesu patarėjas. Jie ieško ne Manęs. Jie nepažįsta Manęs. Jų bažnyčios tapo neteisybės lindynėmis, nes jie pamokslauja neteisingą žinią. Jie taip pat nepažįsta Manęs ir net nesirūpina pažinti Mane. Aš esu nežinomas Dievas

Pasaulis neturi laiko savo Dievui. Jis siekia Manęs tik kalbomis, bet ne tiesoje

Šis pasaulis pilnas melagių ir vagių, žmonių, kurie yra pagyrūnai ir stabmeldžiai, sekantys pasauliu ir jo keliais, bet, žinoma, ne savo Dievu

Kaip liūdna dėl tų, kurie nepažįsta Manęs, bet sako, jog pažįsta, ir taip galvoja

Aš esu Dievas, kurį galima pažinti. Aš nesislapstau nuo tų, kurie ieško Manęs. Aš nesu nežinomas tiems, kurie artinasi prie Manęs nuolankiame paklusnume. Aš esu žinomas

Artinkitės prie Manęs, ir Aš artinsiuosi prie jūsų

Psalmės 73:28 Man gera artėti prie Dievo. Viešpačiu Dievu aš pasitikiu, kad pasakočiau apie visus Tavo darbus

Vaikai, kur jūs bepasisuktumėte, visur tyko blogis. Pasaulyje nėra nieko, kas nebūtų priešo paruošta tam, kad nublokšti jus nuo kelio, priartinančio prie Manęs, Dievo

Pasaulio sistema sukurta tam, kad sužlugdyti Mano vaikus ir laikyti juos atskirtus nuo Manęs

Jei Mano priešas gali laikyti jus menkesnių dievų bei stabų nelaisvėje, tai jūs nebegalite ieškoti Manęs ir atrasti tiesos kelio Mano išgelbėjime, Mano šventume ir Mano laisvėje

Tai priešo planas matyti jus žlugusius, padaryti, kad jūs prasilenktumėte su Mano išgelbėjimu ir prarastumėte savo vietą Mano Karalystėje. Šio pasaulio sistema susieta su Mano priešo planais. Viskas orientuota į savanaudiškumą bei savirealizaciją, bet ne į Dievo paieškas, ne į Dievo siekimą, ne į Dievo atradimą. Jis nenori, kad jūs kreiptumėtės į Mane. Jis nori, kad jūs būtumėte sukaustyti sistemos, kuri moko, kad "aš" esu svarbiausias, moko pasikliauti "savimi", planuoti savo pačių ateitį, niekuo nepasitikėti, tik savimi

Tai nėra Mano kelias, vaikai. Mano kelias, Mano valia ragina sekti Dievu, pasitikėti Dievu, ieškoti Dievo valios, Dievo kelio

Kai ieškote savo pačių valios, planų, jūs esate ne Mano valioje, ir tai yra nuodėmė. Jūs gyvenate nuodėmėje, jei esate ne Mano valioje. Kaip jūs galite sužinoti Mano valią savo gyvenimui, jei neieškote Manęs, neatsiduodate Man pilnai? Jūs privalote atsisakyti savo planų, savo kelių ir leisti Man nukreipti jūsų gyvenimą. Savo gyvenime vaikščiodami tik Mano valioje, jūs iš tiesų galite patirti laisvę bei ramybę, kurią Aš duodu

Ėjimas savo keliu be Manęs nuves į pražūtį. Jūs niekada negalėsite išsilaisvinti iš nuodėmės. Mano valia yra Šventosios Dvasios pilnatvė ir žibinto pripildymas. Tai vienintelis kelias, norint būti pasiruošusiems greitam Mano atėjimui, būti apsaugotiems ir išgelbėtiems

Vaikai, jūs privalote pabusti. Tai tiesa! Nėra kitos tiesos! Mato 25:4 Protingosios kartu su žibintais pasiėmė induose ir aliejaus.

15 SKYRIUS

LYDERIAI NESEKA MANIMI

Pradėkime vėl. Mano vaikai, Aš dedu paskutines pastangas dėl šio pasaulio, kuris taip mažai gerbia Mane

Aš Išvis nesu tinkamai vertinamas. Manęs labai retai šaukiasi Mano paties žmonės, tie kurie vadovauja Mano kaimenėms. Jie visiškai be Manęs kuria savo planus. Aš negaliu pasitikėti jais. Jie nekalba tiesos savo žmonėms, bet tik tai, ką, jų nuomone, tie nori girdėti

Nėra kur Mano žmonėms siekti tiesos. Jie privalo ateiti pas Mane! Jie bus klaidinami savo pačių bažnyčiose. Jie bus supainioti dėl to, kas atrodo normalu ir teisinga, bet patenka į nesantaikos spąstus, kuriuos jiems paspendė Mano priešas

Jis nori, kad jie manytų, jog gali pasikliauti savo lyderių žodžiais, ir kad nėra būtina ieškoti Manęs. Bet tiesą atrasti galima reguliariai apsiplaunant Mano Žodžiu

Tai reikalauja disciplinos. Mano vaikai, jūs esate Mano mokiniai, o mokinystė reikalauja disciplinos. Jei esate labiau veikiami pasaulio pramogų, kaip galite tikėtis būti Mano valioje, vaikai? To negali būti. Aš nesu Dievas, kuris gali būti negerbiamas ar nepripažįstamas

Šis pasaulis pradeda matyti Dievo nepripažinimo pasekmes. Yra pasekmės, kai vengiama Dievo – rimtos pasekmės. Aš nesu maloningas tiems, kurie artinasi prie Manęs, o paskui seka paskui pasaulį, nes tiki, kad tai yra geresnė alternatyva. Tai visai neišmintinga. Bet štai ką daro pasaulis: tarnaudami sau ir ieškodami savo kelių, atsisako bet kokios vilties

Atėjo greito Mano sugrįžimo valanda. Kur jūs esate, Mano vaikai? Ar jūs su Manimi, ar tolstate nuo Manęs, grįždami į pasaulį? Pasaulis negali jums pasiūlyti vilties. Tai silpstantis, griūvantis, prarastas pasaulis – prarastas, kadangi dėl savo sprendimų daugiau nebeieško Dievo

Dabar demonai valdo pasaulį visų tipų priemonėmis: per žinias, kurias jūs gaunate, per sukurtą pasaulio sistemą, per bažnyčias, kurios yra suklaidintos

Atsiremti galima tik į Mano Žodį – jis nesikeičia. Sutelkite dėmesį į Mano Žodį

Giliai kaskitės į jo puslapius. Atraskite laiko skaityti Mano Žodį. Leiskite laiką su juo

Melskitės, kad Mano Dvasia apreikštų jums visą tiesą. Ji gali, jei jūs nuoširdžiai Jos prašysite. Ji trokšta vesti jus į tiesą. Jos didysis troškimas – vesti jus į tiesą ir nuplauti Mano Žodžiu

1 Korintiečiams 2:13 Apie tai ir kalbame ne žodžiais, kurių moko žmogiškoji išmintis, bet tais, kurių moko Šventoji Dvasia – dvasinius dalykus gretindami su dvasiniais

Vaikai, neleiskite šiam pasauliui užtempti gaubto ant jūsų akių. Neleiskite priešui vesti jus klaidingu būdu, nes tiek daug yra vedami. Būkite budrūs. Ateikite į Mano šviesą. Būkite maitinami Mano tiesa iš Mano šventos rankos. Aš trokštu maitinti jus tiesa: maitinti jus mokymu iš Savo Žodžio. Leiskite Man paimti jus į Savo šviesą. Leiskite Man parodyti jums tai, ko anksčiau niekada nesupratote. Aš turiu daug dalykų, kuriais noriu pasidalinti su jumis. Aš noriu ištraukti jus iš tamsos

Dabar laikas pažinti tiesą, o ne sušvelninti ją ar svyruoti tarp tiesos ir melo. Jūs negalite rizikuoti savo pačių išgelbėjimu. Taigi, ateikite pas Mane. Šaukitės tiesos. Aš parodysiu jums tiesą, nekintančią tiesą

Dabar, vaikai, dabar yra laikas

Aš esu Jahushua, visa ko Kūrėjas

16 SKYRIUS

MANO SUGRĮŽIMO VALANDOS PRIARTĖJIMAS

Pradėkime, dukra. Mano vaikai, ateina Mano sugrįžimo valanda. Šis laikas artėja taip užtikrintai, kaip kad naktis virsta diena. Aš ateinu, ir šis įvykis nesustabdomas

Jūs turite apsvarstyti, koks svarbus šis įvykis. Kiekvienas pajus jo pasekmes

Negyva, nekvėpuojanti siela nebus efektyvi žemėje

Ten bus tie, kurie vengia palaimos su Manimi ir kuriems gresia visiškas sunaikinimas ir didžiuliai praradimai

Kokiu būdu jūs susidursite su šiuo įvykiu, yra jūsų pasirinkimas; kokiu būdu patirsite šį įvykį, bus jūsų sprendimas. Ar jūs išeisite su Manimi, kai Aš paimsiu Savo nuotaką į saugią vietą, ar rinksitės likti nuošalyje ir susidurti su tuo, kas blogiausia – Mano rūstybės išliejimu ir visa Mano priešo galia? Dabar tai atrodo toks paprastas pasirinkimas, vis dėlto nedaugelis renkasi eiti su Manimi į saugią vietą. Nedaugelis ieško Manęs ar tiki, jog netoli Mano atėjimo laikas. Kodėl manote, jog tai yra Mano vaikai? Taip yra todėl, kad nuodėmė pasiekė geriausius iš jų. Jie tapo per daug prisitaikę ir įpratę prie pasaulį pripildžiusios nuodėmės, myli jo kelius ir labai mielai nori įsitraukti į juos. Jie neskaito ir netiki Mano Žodžiu. Jie neieško Manęs, kad gautų atsakymus iš Manęs. Pasaulis ir žmonės turi daugiau svorio jų mintyse

Vaikai, Aš negaliu išgelbėti tų, kurie nenori atsigręžti į Mane nuolankume, vaikiškame paklusnume. Nesant visiško atsidavimo Man, Aš negalėsiu išgelbėti jūsų, kai ateis laikas paimti Mano bažnyčią. Ji bus paimta, o jūs būsite palikti. Tada Mano vaikai, kurie palikti, turės susidurti su Mano priešu. Tai bus didžioji tamsos valanda

Pagalba nebus suteikta

Morkaus 10:15 Iš tiesų sakau jums: kas nepriims Dievo karalystės kaip mažas vaikas, – niekaip neįeis į ją

Jūs dar turite galimybę sugrįžti pas Mane dienų pabaigoje, prieš Man greitai ateinant. Jei jūs atsiduodate Man, pavedate savo valią Man, tai Aš padarysiu jus nauja asmenybe ir paruošiu Savo Karalystei

Aš matau, kad labai nedaugelispasiruošę žengti šiuos žingsnius, tik dalis gyventojų iš tiesų ieško Manęs, tokio intymumo lygmens, kokio Aš reikalauju

Nedaugelis paveda savo gyvenimus Man. Dauguma savo gyvenimus patiki pasauliui ir iškreiptam žmogiškam mąstymui

Vaikai, jūs turite atsipeikėti. Aš esu vienintelis, kuris gali padėti jums

Nėra daugiau kur kreiptis. Taip, jūs galite kreiptis į pasaulį, bet jis dabar beviltiškoje būklėje, kasdien ritasi žemyn

Jūs turite susiprasti. Ateikite pas Mane. Neapsigaukite dėl to, kas dabar atrodo normalu

Išorė gali būti apgaulinga. Pasaulis negali tęstis be Manęs. Aš esu moralinis kompasas – be Manęs ir Mano teisingų kelių šis pasaulis su pažeista morale negali būti ilgalaikis

Mano vaikai, greitai, labai greitai visa tai įvyks– Aš greitai ateinu. Aš nenoriu, kad jūs būtumėte prarasti ar palikti. Aš noriu, kad jūs ateitumėte pas Mane. Tai yra Mano kvietimas jums. Aš noriu, kad jūs būtumėte šalia Manęs. Kartu su Manimi eikite siauru keliu. Leiskite Man vesti jus. Leiskite Man rodyti kelią... paimkite Mano ranką

Nepraraskite puikios galimybės tapti nuotaka. Ji yra nuostabi ir pasirengusi

Aš švelniai myliu ją. Ji yra Mano mieloji bažnyčia, kuri myli Mane labiau už viską. Ji laikosi Mano liudijimo. Aš esu jos "viskas visame kame". Aš ateinu išgelbėti jos nuo ateinančio siaubo. Ji bus apsaugota nuo visko, kas ateina, bus paimta į Mano laukiantį glėbį.

17 SKYRIUS

APIE ANTIKRISTĄ

Pradėkime. Vaikai, šiandien Aš noriu kalbėti jums kažką naujo: noriu kalbėti apie antikristą ir jo valdymą bei viešpatavimą žemėje

Jis greitai ateis į žemę valdyti ir viešpatauti – viskas pasikeis

Žemė niekada nepažino tokio tirono, kaip jis. Jis nelaikys kalinių. Jis bus linkęs į sunaikinimą. Kiekvienas stovintis jo kelyje patirs sunaikinimą

Tai bus tamsiausias ir niūriausias laikas

1 Jono 2:22 Kas yra melagis, jeigu ne tas, kuris neigia, kad Jėzus yra Pateptasis? Tas yra antikristas, kuris neigia Tėvą ir Sūnų

Tie, kurie atvirai kalbės Mano vardu, patirs paniekinimą. Mano vardas reikš mirtį. Daugelis manųjų, kurie naudoja Mano vardą, susigūš iš baimės. Tai vyks visame pasaulyje. Tai bus pasaulinio masto teroras, plačiai paplitęs naikinimas

Pasaulis niekada nepažino tokio sunaikinimo

Apreiškimo 20:4 Aš pamačiau sostus ir juose sėdinčiuosius, kuriems buvo pavesta teisti. Taip pat regėjau sielas tų, kuriems buvo nukirstos galvos dėl Jėzaus liudijimo ir dėl Dievo žodžio, kurie negarbino žvėries, nei jo atvaizdo ir neėmė ženklo sau ant kaktos ar rankos. Jie atgijo ir viešpatavo su Kristumi tūkstantį metų

Antikristas ateis tokiu metu, kai pasaulis ieško atsakymų ir sprendimų, įkandin sekant naikinimui tų, kurie palikti po Mano nuotakos paėmimo. Šis įvykis sparčiai artėja. Pasaulis pažins vargą, kokio niekada iki tol nežinojo

1 Jono 4:3 ...ir kiekviena dvasia, kuri neišpažįsta Jėzaus Kristaus kūne atėjusio, nėra iš Dievo. Tokia – iš antikristo, apie kurį girdėjote, kad jis ateisiąs. Jis jau dabar yra pasaulyje

Antikristas bandys pašalinti visus, kurie laikosi Mano kelių, Mano liudijimo

Antikristas bus priežastimi žvėries ženklo, kad pirmoje eilėje galėtų kontroliuoti žmones

Tie, kurie nesilenks jo reikalavimui priimti ženklą, bus sunaikinti kaip šios sistemos atskalūnai. Kurie priims ženklą, išjuoks ir persekios tuos, kurie atsisakė ženklo. Tai bus tamsiausia valanda. Tie, kurie noriai priima ženklą, bus amžiams prarasti. Tai antikristo sistemos nuosavybė

Apreiškimo 14:11 Jų kankinimo dūmai kils per amžių amžius, ir jie neturės atilsio nei dieną, nei naktį – tie, kurie garbina žvėrį bei jo atvaizdą ir ima jo vardo ženklą

Vaikai, jūs turite aiškiai pamatyti savo troškimą ignoruoti šiuos įspėjimus ir tai, kas labai greitai ateina į žemę

Mano atėjimo valanda artėja dėl nuotakos; dėl tų, kurie bus išgelbėti – tikrosios Mano bažnyčios. Ši valanda, kai įsigalės antikristo sistema, paskubomis artinasi

Antikristas bus negailestingas ir ištroškęs kraujo. Savo kelyje jis nepripažins nieko. Jis kupinas įtūžio ir valdžios troškimo. Žmonės jam nebus svarbūs. Jis visai neturi gailesčio – gyvena tik tam, kad valdytų ir viešpatautų žemėje. Jis naudos jėgą naikinimui, kad įtvirtintų savo valdžią. Niekas jo nesustabdys, kol Aš nesugrįšiu į žemę viso to sustabdyti. Tada ir tik tada jis bus sustabdytas. Kitaip jis nebus sustabdytas. Nei žmogus, nei organizacija negali jo sustabdyti. Savo blogiu jis bus negailestingas

2 Tesalonikiečiams 2:8 Tada pasirodys nedorėlis, kurį Viešpats sunaikins Savo burnos kvėpimu ir sutriuškins Savo atėjimo spindesiu

Pakyla blogio laikai. Planai užkulisiuose jau sudėlioti, kad ši sistema galėtų pradėti veikti. Kelias šiam blogiui iškilti yra aiškus

Netrukus gyventojai, kurie po bažnyčios paėmimo bus palikti, suvoks, kad jie yra valdomi naikinančios antikristo sistemos bei kontrolės

Drungni, palikti krikščionys tuomet puikiai supras, kas įvyko tiesiog jų akyse

Atgaila bus didžiulė. Daugelis atkris dėl antikristo spaudimo. Antikristo kelias atrodys palyginti toks lengvas, kad negali juo nesekti. Tai bus tikrai skaudžių sprendimų laikas. Daugelis savo širdyse žinos, ką privalo daryti, ir, padrąsinti bei trokšdami regėti Mano Karalystę, įvykdys iki galo, nepaisant sunkaus sprendimo, kurį privalo padaryti. Tikėjimas išlaikys juos – tikėjimas, atmetantis antikristo sistemą kaip teisingą pasirinkimą, ir pasirenkantis Mane, Dievą. Daugelis neturės tokio tikėjimo ir drąsos. Tai bus tamsi valanda

Apreiškimo 19:20 Žvėris buvo sugautas, o kartu su juo netikrasis pranašas, jo akyse daręs ženklus ir jais klaidinęs žmones, kurie buvo priėmę žvėries ženklą ir garbino jo atvaizdą

Jiedu gyvi buvo įmesti į ugnies ežerą, degantį siera

Tikrai, vaikai, jūs turite skubiai prablaivėti ir pasiruošti, kad būtumėte išgelbėti – pasirengti, pasiruošti

Ši valanda baigiasi. Jūs turite būti pasiruošę... turite laukti... budėti... žiūrėti, o dėmesys turi būti sutelktas bei parengtas Man. Tik Aš esu Durys, Aš esu Išėjimas, Aš esu Išgelbėjimas! Aš dar palaikysiu atviras duris, o paskui jos bus uždarytos.

Tai bus vienas ir vienintelis išsigelbėjimas nuo to, kas ateina. Tai ateina. Valanda artėja

Mano bažnyčiai reikia pasiruošti

Mato 25:10 Joms beeinant pirkti, atėjo jaunikis. Kurios buvo pasiruošusios, įėjo kartu su juo į vestuves, ir durys buvo uždarytos

Antikristas yra užkulisiuose. Jis ruošiasi pakilti į valdžią. Jis ieško progos viešpatauti žemėje. Niekas jo nesustabdys. Teroras yra jo pravardė. Jis valdys teroru, ir niekas žemėje negalės sustabdyti jo. Jo valdžia kyla iš Mano priešo. Jis tikrai stovi už teroro

Nesumenkinkite šios realybės. Viskas ne taip, kaip iš tiesų atrodo. Viskas atrodo gana normalu, tačiau išorė yra apgaulinga. Ir tai Mano priešo sumanymas. Jis nori atitraukti jus nuo kurso. Jis nenori, kad jūs eitumėte tiesiu ir siauru keliu link Manęs ir greito Mano išgelbėjimo

Dabar kyla apgaulė. Labai daugelis yra apgauti minties, jog viskas gerai. Nėra viskas gerai, vaikai! Nėra viskas gerai! Pasaulis sprogsta per siūles, išsibarsto

Vaikai, plačiai atverkite savo akis. Susitaikykite su tuo, kas tuojau įvyks

Pabuskite, apsidairykite aplinkui. Giliai kaskitės į Mano Žodį, po to pažvelkite į tai, kas vyksta pasaulyje. Šis pasaulis iš visų pusių vienašališkai atmeta savo Dievą. Aš negaliu daugiau to toleruoti. Aš patrauksiu nuo žemės Savo saugančias rankas ir leidžiu jiems turėti tai, ko jie geidžia – pasaulį be savo Dievo, savo Kūrėjo, Autoriaus

Aš esu supratingas Dievas, tačiau kai pasaulis reikalauja, kad Aš pasitraukčiau į šalį, Aš taip ir padarysiu. Tuomet jūs galėsite sužinoti, kaip viskas atrodo be Mano apsaugos! Aš esu kantrus Dievas, bet Mano kantrybė baigiasi tiems žmonėms, kurie atmeta Mane! Vaikai, maldauju... prašau atsipeikėkite! Ateikite pas Mane atsiduodami

Man paveskite savo gyvenimą. Aš priimsiu jį. Aš padengsiu jus Savo brangiu Krauju. Aš apvalysiu jus Savo Žodžiu. Valanda artėja. Jūs turite būti apvalyti taip, kad galėtumėte susitikti su Manimi, kai Aš pašauksiu Savo nuotaką sekti paskui Mane į saugią vietą. Jūs vis dar galite ateiti. Vis dėlto pasiruoškite, skubiai pasirenkite. Ši valanda nelauks nei vieno. Niekas nesustabdys Mano sugrįžimo. Aš esu Jahushua... didysis Karalius... nuolankus Dievas

Jono 15:3 Jūs jau esate švarūs dėl žodžio, kurį jums kalbėjau.

18 SKYRIUS

ARTĖJA LAIKAS, KAI AŠ GREITAI NUSILEISIU

Vėl pradėkime. Laikas Man pakalbėti apie naują dalyką. Vaikai, artėja laikas, kai Aš greitai nusileisiu. Tai ateis greitai. Daugelis, tiek daug nėra pasiruošę, tiek daug atkrenta... tiek daug niekada nebuvo pasiruošę. Pasaulyje netrukus įvyks daug pasikeitimų. Aš noriu, kad jūs sutiktumėte su šia tiesa

Vaikai, artėja Mano greito sugrįžimo valanda. Aš matau, kad labai daug kas nėra pasiruošę. Daugelis tiki, kad yra pasiruošę, tačiau taip nėra. Daugelis vis dar šokinėja su pasauliu. To negali būti, Mano vaikai. Jums būtina nutraukti saitus su pasauliu

Tai skęstantis laivas, ir jis nusitemps jus su savimi

Mano vaikai, Aš nevertinu laiko, kurį jūs praleidžiate be Manęs, vaikydamiesi šio pasaulio dalykus. Jūs ieškote atsakymų pasaulyje. To negali būti, Mano vaikai

Jūs siekiate tuščios vilties... tuščių pažadų... ir tuščios tiesos. Jūsų netektis bus didžiulė, jei ir toliau leisitės į šį tuščią žaidimą. Tai veda į nelaimę

Kodėl jūs atkakliai tikite, kad pasaulis jums turi kokią tai tiesą, išskyrus Mano tiesą? Aš esu Tiesa! 1 Jono 2:15 Nemylėkite pasaulio, nei to, kas yra pasaulyje. Jei kas myli pasaulį, nėra jame Tėvo meilės

Vaikai, klausykite atidžiai, – jūsų laikas baigiasi. Jūs turite mažai laiko suimti save į rankas. Dabar laikas pasiruošti. Jei planuojate eiti su Manimi, turite sutelkti dėmesį į Mano atėjimą. Mano priešas rengiasi labai greitai pajudėti

Jo planai bus pakeisti tik Man atėjus

Ar nežinote, Mano vaikai, kad jūs turėtumėte plačiai atverti akis ir būti pasiruošę ateinantiems įvykiams? Netrukus niekas negalės įtakoti pokyčių, ateinančių į žemę. Arba jūs išeinate su Manimi į saugią vietą, arba pasiliksite ir susidursite su Mano priešu bei ateinančia rūstybe

Ši diena ateina, Mano vaikai. Tai ateina, ir niekas negali to sustabdyti. Jums reikia pasiruošti, kadangi valanda artėja. Ji greitai ateina

Ateikite pažinti Mane. Nėra kito kelio. Jei neskirsite laiko pažinti Mane, jūs negalėsite išeiti su Manimi į saugią vietą

Jūs turite viską pavesti Man. Aš laukiu jūsų, vaikai. Kas ateis pas Mane visiškai atsiduodamas? Kas ateis pas Mane pažinti Mane, iš tiesų pažinti Mane? Štai ko Aš reikalauju

Aš padariau jums kelią. Aš paruošiau kelią. Aš sumokėjau didelę kainą už jūsų laisvės išpirkimą, kad jūs galėtumėte prisijungti prie Manęs, kai Aš ateisiu Savo nuotakos. Ji pasiruošusi, ir Aš ateinu jos

Kaina, kurią Aš sumokėjau, buvo didžiulė. Niekas kitas negalėjo padaryti to, ką Aš padariau. Tik Aš galėjau tai įvykdyti. Tokią didelę kainą sumokėti galėjau tik Aš – Dievas, kuris buvo sutriuškintas dėl žmonijos. Šios kainos neįmanoma apskaičiuoti

Nėra kaip išmatuoti šio veiksmo vertės. Nėra tokios sumos, kad kada nors galima būtų padengti kainą, kuri buvo sumokėta

Izaijo 52:14 Kaip daugelis baisėjosi Tavimi, taip Jo veidas buvo nežmoniškai sudarkytas, Jis buvo nebepanašus į žmogų. Visa tai yra jūsų – jūs turite ateiti ir atsiduoti. Atiduokite Man viską. Štai ko Aš prašau jūsų. Jei netapsite manaisiais, jūs vis dar būsite Mano priešo. Jūs nepriklausote sau. Jūs priklausote arba Man, arba Mano priešui. Pasirinkite būti Mano. Aš laukiu jūsų atsakymo

Tai jūsų Viešpats ir Gelbėtojas, Jahushua, didysis Mesijas.

19 SKYRIUS

PASIRUOŠIMAS

Pradėkime (2012 m. vasario 19). Vaikai, Aš turiu daug žodžių: Artėja Mano sugrįžimo valanda. Jums reikia pasiruošti. Aš noriu pasiimti jus, kai ateisiu Savo puikiosios nuotakos; bet jei jūs nepasiruošite, Aš negalėsiu paimti jūsų

Jūs privalote pasiruošti. Parodykite Man, kad esate pasiruošę. Man reikia, kad jūs lauktumėte Manęs. Man reikia, kad visas jūsų dėmesys būtų sutelktas į Mane. Jei nebudite, negalite būti pasiruošę. Tik tie, kurie budi, bus pasiruošę

Hebrajams 9:28 ...taip ir Kristus, vieną kartą paaukotas, kad pasiimtų daugelio nuodėmes, antrą kartą pasirodys be nuodėmės Jo laukiančiųjų išgelbėjimui

Kai kurie sako, jog nereikia budėti, norint būti pasiruošus. Tai priešo melas. Jis klastingas ir pilnas apgaulės. Jis nori suklaidinti Mano vaikus ir nukreipti nuo siauro kelio. Jūs visą laiką turite išlikti pasirengę. Jūs turite budėti ir būti pasiruošę, nes nežinote Mano atėjimo laiko. Aš ateisiu kaip vagis naktį. Ar Mano Žodis nekalba apie tai? Mano Žodis aiškiai kalba apie tai. Daugelis bus nustebinti, nepasiruošę ir netikėtai užklupti, nes jiems nepavyko budėti ir pasiruošti

Nebūkite grupėje tų, kurie atsisako paisyti Mano įspėjimų budėti ir būti pasirengus. Ši grupė bus nuliūdinta ir nuniokota, kai aptiks, jog buvo palikti matyti tai, kas blogiausia – žmonių suirutę ir žemės katastrofą

Nebūkite tie, kurie nutyli ir nereaguoja į Mano daugybę įspėjimų. Būkite pasiruošę... supraskite... pabuskite! 2 Timotiejui 4:8 Nuo šiol manęs laukia teisumo vainikas, kurį aną dieną man duos Viešpats, teisingasis Teisėjas, – ir ne tik man, bet ir visiems, kurie pamilo Jo pasirodymą

Mano vaikai, jūs leidžiate net savo tarnavimo veiklai trukdyti pasirengti šiam svarbiam įvykiui. Daug bažnyčių ir daug Mano lyderių bus palikti. Nebūkite sugauti į šiuos spąstus. Būkite budrūs. Būkite pasiruošę. Būkite apdairūs

Neleiskite, kad jūsų namai būtų apvogti. Nestovėkite nuošaliai ir neleiskite, kad jūsų namai būtų sužlugdyti. Sargas, kuris nėra pasiruošęs, užklumpamas netikėtai, kai nelauktai ateina vagis, – saugokitės, pasiruoškite. Nes jūs nežinote laiko, kada Aš ateisiu patraukti Savo bažnyčios

Mato 24:42-44 Todėl budėkite, nes nežinote, kurią valandą ateis jūsų Viešpats. Supraskite ir tai: jeigu šeimininkas žinotų, kurią nakties valandą ateis vagis, jis budėtų ir neleistų jam įsilaužti į namus. Todėl ir jūs būkite pasiruošę, nes Žmogaus Sūnus ateis tą valandą, kurią nemanote

Vieną sykį Aš ateisiu ir paimsiu Savo bažnyčią, Savo nuotaką; Aš negrįšiu dėl šios priežasties dar kartą. Durys bus uždarytos, ir nei vienas žmogus nepajėgs jų atidaryti

Luko 13:24-25 Stenkitės įeiti pro siaurus vartus. Sakau jums, daugelis bandys įeiti, bet neįstengs. Kai namų Šeimininkas atsikels ir užrakins duris, jūs, stovėdami lauke, pradėsite belsti į duris ir prašyti: "Viešpatie, Viešpatie, atidaryk mums!" O Jis atsakys: "Aš nežinau, iš kur jūs". Mano atėjimas yra tikras ir skubus. Aš dėl jokios priežasties neatidėsiu šio įvykio. Tai ateina, tikrai ateina. Rytoj gali būti per vėlu – štai kaip viskas arti

Neatidėkite priimti sprendimo ir pasiruošti greitam Mano sugrįžimui. Pernelyg ilgai laukdami, jūs prarasite Mane

Dabar ne laikas dykinėti ir domėtis žemiškais keliais

Vaikai, nedelskite priimti sprendimo dėl Manęs. Aš nelauksiu amžinai, kada pabus Mano drungnoji bažnyčia

Prašau rimtai apsvarstyti šiuos žodžius. Aš neketinu sudrausti amžinai laukiančios bažnyčios, kuri atsisako priimti Mane ir ieškoti Manęs. To negali būti

Mano sumanymai bus paskelbti, ir Aš paimsiu Savo paruoštuosius – tuos, kurie atsidėję ir su viltimi ieško Manęs. Tai tie, kuriuos Aš išsivesiu. Visi kiti bus palikti

Aš atsiprašau, jei šie žodžiai atrodo griežti, bet Mano įspėjimai buvo aiškūs ir nuoseklūs. Kodėl žmonės mano, jog Aš iki galo neįvykdysiu Savo Žodžio ir tokios daugybės Savo įspėjimų? Ar Aš, Dievas, nebuvau amžinai nuoseklus? Aš nepasikeičiau

Hebrajams 13:8 Jėzus Kristus yra tas pats vakar, šiandien ir per amžius

Būkite pasiruošę, nes Aš pasirengęs pareikalauti Savo mylimosios. Aš pasirengęs atvykti jos. Jei norite būti jos tarpe, tuomet pasiruoškite. Dabar laikas pasiruošti

Laikas senka. Budėkite ir pasiruoškite

Tai Mano žodžiai. Mano žodžiai yra tiesa

Jūsų Viešpats, Jahushua.

20 SKYRIUS

JŪSŲ LAIKAS ČIA PAT

Pradėkime (2012 m. vasario 20). Aš pasiruošęs pateikti jums žodžius. Vaikai, tai Aš, jūsų Viešpats, ir Aš esu čia, kad duočiau jums naujus nurodymus

Pasaulis greitai bus persijotas. Ateina laikas, kai pasaulis netrukus susidurs su Mano rūstybe. Ši valanda ateina labai greitai, vaikai, sparčiu tempu. Laikrodyje likę nedaug laiko. Artėja vargas pasauliui. Netrukus visi tai supras

Apreiškimo 14:10 ...tas gers Dievo įniršio vyno, įpilto ir neatmiešto Jo rūstybės taurėje, ir bus kankinamas ugnimi ir siera šventųjų angelų ir Avinėlio akivaizdoje

Vaikai, jums reikia susidomėti ir atkreipti dėmesį. Nepamirškite tokių svarbių įspėjimų. Būkite budrūs besiruošdami. Artėja Mano atėjimas. Liko nebedaug laiko

Jūs privalote pabusti. Aš negaliu amžinai laukti jūsų, vaikai. Negaliu

Aš turiu atvesti Savo nuotaką ir palikti. Ji pasiruošusi. Ji parengė save. Aš noriu, kad jūs taip pat būtumėte pasiruošę, Mano vaikai. Ateikite pas Mane nuolankiai atsiduodami. Tai greito Mano priartėjimo valanda

Nelaukite amžinai. Jūs neturite "amžinai". Jūsų laikas čia pat

Aš žinau, kad šis atėjimas jums kaip šokas ir yra sunkiai įtikinamas, bet tiesa ta, jog Mano nuotakos paėmimo laikas artėja į pabaigą. Ji pasiruošusi. Aš esu pasiruošęs, o pasaulis sutartinai nusisuko nuo Manęs

Labai greitai Mano laukianti nuotaka daugiau nebelauks, ir Aš neleisiu jai pasilikti susidurti su tuo, kas netrukus prasidės visiems tiems žemėje, kurie nusisuko nuo Manęs. Ji paruošė save, ir atėjo laikas perkelti ją į saugią vietą

Apreiškimo 19:7 Džiūgaukime ir linksminkimės, ir duokime Jam šlovę! Nes atėjo Avinėlio vestuvės ir Jo nuotaka pasiruošė

Tai bus didingas savo mastu įvykis, kokio žmonijos istorija niekada iki šiol nežinojo

Vaikai, pasiruoškite išeiti su Manimi. Susijunkite su Manimi ore. Aš noriu pasiimti jus su Savimi. Aš apsaugosiu jus nuo to, kas ateina. Greitai, labai greitai visa tai artinasi

Nebūkite suklaidinti to, kas atrodo normalu ir teisinga. Labai daugelis laikosi įsitvėrę pasaulio, tarytum jis turėtų visus atsakymus. Labai greitai jame bus tik teroras ir sielvartas

Nebūkite suklaidinti dėl šių įspėjimų. Priimkite juos kaip tiesą

Imkitės Mano Knygos. Studijuokite jos puslapius. Leiskite atskleisti jums tiesą, Mano tiesą

Ieškokite Manęs, ieškokite Mano Dvasios. Leiskite Mano Dvasiai parodyti jums tiesą. Leiskite jai ateiti į jūsų gyvenimą ir suteikti jums naują, įžvalgų Mano Žodžio išmanymą. Žmonės negali parodyti jums tiesos, tik Mano Dvasia

1 Korintiečiams 2:11-14 Kas iš žmonių žino, kas yra žmogaus, jei ne paties žmogaus dvasia? Taip pat niekas nežino, kas yra Dievo, tik Dievo Dvasia. O mes gavome ne pasaulio dvasią, bet Dvasią iš Dievo, kad suvoktume, kas mums Dievo dovanota. Apie tai ir kalbame ne žodžiais, kurių moko žmogiškoji išmintis, bet tais, kurių moko Šventoji Dvasia, – dvasinius dalykus gretindami su dvasiniais. Bet sielinis žmogus nepriima to, kas yra iš Dievo Dvasios, nes jam tai kvailystė; ir negali suprasti, nes tai dvasiškai vertinama

Vaikai, artėja ši valanda. Leiskite Man toliau dirbti prie jūsų širdies. Leiskite Man apvalyti jus Savo atperkančiu Krauju. Leiskite Man padengti jūsų nuodėmes Savo tobulu išpirkos Krauju, kuriuo Aš sumokėjau visą kainą ant kryžiaus, ant gėdos kryžiaus, kur Aš nukraujavau iki mirties už jūsų nuodėmes. Aš tai padariau dėl jūsų, Mano vaikai. Dėl jūsų visų, Aš praliejau kraują dėl visų – visų, kurie nori priimti šią dovaną

Filipiečiams 2:8 Ir išore tapęs kaip žmogus, Jis nusižemino, tapdamas paklusnus iki mirties, iki kryžiaus mirties

Taip, tai buvo Mano meilė ir troškimas išgelbėti žmoniją iš jų neteisumo, kilusio dėl šio pasaulio prakeikimo. Dabar ši dovana yra jūsų, jeigu tik jūs renkatės priimti ją ir gauti visišką atleidimą už jūsų nuodėmingus kelius

Tačiau jūs turite to norėti. Jums reikia ateiti pas Mane visisškai atsiduodant. Aš noriu matyti, kad jūs nutraukiate savo saitus ir meilę pasauliui. Aš negaliu laikyti jūsų Savo Karalystėje, jei jūs vis dar mylite šį pasaulį

Taigi turite apsispręsti: Mano keliai, arba jūs renkatės eiti savo keliu su Mano priešu? Nėra vidurio: arba viena, arba kita – jūsų valia arba Mano tobula valia jūsų gyvenimui. Jūs privalote pasirinkti

Norint būti Mano tobuloje valioje, jūs privalote ateiti pas Mane nuolankiai atsiduodami ir giliai atgailaudami dėl savo nuodėmių. Aš padengsiu jus Savo Krauju ir pašalinsiu jūsų ankstesnes nuodėmes. Visi įrašai bus sunaikinti, ir jūsų gyvenimas bus kaip naujas

Hebrajams 13:12 Todėl ir Jėzus, norėdamas Savo krauju pašventinti tautą, kentėjo už vartų

Štai kas laukia jūsų, jei ateisite pas Mane nuolankiai atsiduodami ir atgailaudami už ankstesnes nuodėmes. Dabar yra laikas šiam sprendimui

Neatidėliokite. Ateina Mano sugrįžimo valanda. Joks žmogus negali to sustabdyti

Jums reikia pasiruošti. Pasiruoškite. Aš laukiu jūsų atsakymo

Tai jūsų kantrus, mylintis Dievas, Jahushua.

BE MANO VALIOS JŪS EINATE PRIEŠ MANE

Pradėkime, Mano dukra. Vaikai, Aš noriu jums kalbėti apie naują dalyką

Labai greitai, Mano vaikai, Aš ateisiu paimti Savo bažnyčios. Tiek nedaug ruošiasi... laukia... budi, tiek nedaug bus paimtų. Tai rimta, Mano vaikai, labai rimta

Tik nedaugelis Mano vaikų iš tiesų atkreipia dėmesį, tiek nedaug rūpinasi tuo

Daugelis neskaito Mano Knygos, nepraktikuoja Mano Žodžio ir nesilaiko Mano taisyklių, kurias nustačiau jiems. Daugelis tiesiog daro tai, kas jiems patinka, ir nesirūpina, ką Aš galvoju apie visa tai

Jie visiškai ne Mano valioje ir be Manęs daro savo pačių savavališkus pasirinkimus. Kai jūs veikiate be Mano valios, einate prieš Mane. Liūdna, vaikai, kad tiek daug netiki Mano Žodžiu ir renkasi sekti pasauliu

Vaikai, pasaulis priešiškas Man. Jūs negalite kartu laikytis pasaulio ir Manęs

Jokūbo 4:4 Paleistuviai ir paleistuvės! Ar nežinote, kad draugystė su pasauliu yra priešiškumas Dievui? Taigi, kas nori būti pasaulio bičiulis, tas tampa Dievo priešu

Ką reiškia būti pasaulio dalimi? Tai reiškia dėl visų savo atsakymų kreiptis į pasaulį: sekti pasauliu dėl savo ateities saugumo, galvojant, kad jis turi visus atsakymus. Tai klaidingas saugumas – ieškoti žmonių atsakymų, – žmonių, kurie nieko tikra nežino apie ateitį. Tik Aš, Dievas, žinau, kas bus ateityje. Pasaulis atsakymus stengiasi gauti iš žmonių ir demonų. Pasaulio sistema yra Mano priešo sistema. Jis nori per visokius dalykus laikyti Mano vaikus išsiblaškiusius, kad jie niekada dėl atsakymų neieškotų Manęs; todėl jie niekada neieško Manęs, kad artimai, asmeniškai pažintų Mane. Tai pavojinga, Mano vaikai

Psalmės 20:7 Vieni pasitiki savo žirgais, kiti – kovos vežimais, o mes prisiminsime Viešpaties, savo Dievo, vardą

Jis nori, kad jūs iš tolo vengtumėte Manęs, kad jis galėtų apgauti ir sunaikinti jus

Jis naudos visų rūšių metodus tam, kad suviliotų jus. Jis naudos jūsų tarnavimo veiklą, jūsų šeimą, jūsų siekimą pinigų bei turtų, pasilinksminimus ir visas pramogas, kokias tik galite įsivaizduoti. Tai jo strategija nukreipti jūsų dėmesį nuo Manęs ir laikyti jį sutelktą į visa kita

Tai jo planas sunaikinti jus, ir jam tai pavyksta su daugeliu žmonių. Tik likutis tikrai artimai seka Mane, ieško Manęs ir eina paskui Mane. Tai Mano tikroji bažnyčia

Tai tikrieji Mano mokiniai, kurie atsisako savo gyvenimo tam, kad sekti Mane

Kodėl jūs toliau atkakliai sekate pasaulį, kai Aš esu vienintelė tikrai tobula šviesa? Aš esu Amžinasis Gyvenimas. Aš duodu jums gyvenimą, Aš išlaikau jus. Aš vienintelis saugau jūsų gyvenimą. Aš vienintelis suteikiu ir paimu gyvenimą – nėra kito

Jobo 12:10 Jo rankoje yra kiekvieno gyvio siela ir kiekvieno žmogaus kvapas

Kodėl jūs toliau atkakliai nepaisote Manęs ir ieškote kitų mylimųjų, tuščių mylimųjų? Jūs kasate sau duobę, iš kurios negalėsite išlipti. Ateikite pas Mane. Atgailaukite ir atiduokite Man visą savo gyvenimą. Tik Aš turiu visus atsakymus. Tik Aš galiu duoti jums teisingus dalykus. Tik Aš turiu jūsų ateities raktus. Asmeniškai pažinkite Mane. Atkakliai ieškokite Manęs, ir Aš duosiu jums Karalystės raktus. Šis pasaulis neturi jums nieko, vien tik vargą, nusivylimą ir greitą mirtį bei pražūtį, ateinančius į šią žemę

Liaukitės viltis šiuo negyvu ir mirštančiu pasauliu, – negyvu, nes daugiau nebepripažįsta Mano, kaip Viešpaties ir Šeimininko, valdžios pasaulyje

Visi pasaulio lyderiai laikosi kitokių įsitikinimų nei Aš, kaip neginčytinas Viešpats ir Kūrėjas. Tai pasibjaurėjimas, ir Aš to nepaliksiu taip lengvai

Pasaulis neturi Mano baimės, todėl Aš privalau skubiai juos iš naujo pamokyti to, kas Aš esu. Mažą Savo tikrų tikinčiųjų likutį Aš paimsiu į saugią vietą, ir tada pasaulis supras, kad Aš esu Dievas, su kuriuo reikia skaitytis, o ne tas, kurį galima ignoruoti. Netrukus po to Aš patrauksiu Savo globojančias rankas, ir Mano priešas – velnias bei jo armija – visa jėga pradės veikti žemėje. Tai bus tamsus laikas žemės gyventojams

Psalmės 111:10 Išminties pradžia yra Viešpaties baimė; supratingi, kurie taip elgiasi. Jo šlovė lieka per amžius! Ką Aš galiu padaryti, kad perduoti jums šias tiesas? Visa tai užrašyta Mano Knygoje, tačiau labai mažai kas trokšta pažinti tiesą. Jie bėgioja pirmyn ir atgal po žemę, ieškodami pažinimo bei išminties, bet niekada nepriartėja prie tiesos

Danieliaus 12:4 O tu, Danieliau, paslėpk tuos žodžius ir užantspauduok knygą iki skirto laiko

Daugelis ją perskaitys ir įgaus pažinimo

Tai tamsi valanda žmonijai – žmonėms, kurie vaikosi pasaulį, bet netrokšta turėti pažinimo iš savo Kūrėjo. Tai tamsus laikas žmonijai. O Manęs, Dievo, nepaisymo rezultatas akivaizdus – siaučiantis blogis: nusikaltimai, ligos, mirtys, ekonominės katastrofos, karai ir karų gandai. Šias nelaimes žmonės užsitraukia, vengdami savo Dievo ir laikydamiesi pasaulio

Vaikai, sugrįžkite pas Mane. Dar ne vėlu. Aš susigrąžinsiu jus. Aš laukiu jūsų

Bėkite į Mano glėbį. Ateikite ir sekite paskui Mane. Mes vis dar galime būti kartu amžinai. Aš galiu padaryti jus saviškiais. Jūs galite ateiti į Mano Karalystę ir mėgautis amžinu gyvenimu su Manimi

Taip, vaikai, jūs galite sekti Manimi, savo Kūrėju, arba pasauliu be Manęs. Tai jūsų pasirinkimas. Aš netrukus ateisiu dėl tų, kurie renkasi Mane, kad būčiau jų viena vienintelė meilė. Apsispręskite tarp Manęs ir šio pasaulio, kadangi netrukus Aš privalau ateiti išgelbėti savuosius, kurie renkasi išstoti prieš pasaulį dėl Manęs, savo Dievo. Ką darysite jūs? Aš laukiu kantriai, bet ne perilgiausiai. Greitai Aš nebeturėsiu pasirinkimo, bet patrauksiu nuotaką į saugią vietą

Tai jūsų Viešpats ir Mokytojas, pasaulio Kūrėjas, Jahushua.

22 SKYRIUS

PRIEŠAS ATEINA SUNAIKINTI PASAULĮ

Pradėkime vėl. Vaikai, tai kalba jūsų Tėvas. Šiandien Aš turiu paskelbti daugiau žodžių

Į šį pasaulį ateina didžiulė audra, vadinama "blogiu". Ji ateina sunaikinti pasaulį ir tuos, kurie gyvena pasaulyje

Tai įvyks, kai Aš patrauksiu Savo nuotaką į saugią vietą. Ji išeis pirmoji. Ji nematys to siaubo, kuris ateina. Žemę ištiks nelaimė, įvarysianti žmones į beprotybę

Juos apims neapsakomas siaubas. Tai bus tikro teroro valanda

Žmonija bus apleista ir apimta panikos. Niekas nepatikės, kokia laukia siaubo valanda

Antikristas sukurs veiksmo vietą. Jis pilnai atsiskleis, ir jo valdžia bus pasaulinio masto viešpatavimas. Niekas nepajėgs jo sustabdyti. Buvę tironiški lyderiai nublanks, lyginant su jo galia, viešpatavimu ir kraujo troškimu. Jam nebus lygių vykdant terorą, kuris bus įvestas žemėje. Niekas negalės pasislėpti

Nebus pagalbos nei išsigelbėjimo nuo jo tironiškos kontrolės

Vienintelis išsigelbėjimas jo viešpatavimo metu bus žūtis ir mirtis. Tai bus tamsus laikas žmonijos istorijoje

Apreiškimo 18:4-5 Ir aš išgirdau iš dangaus kitą balsą, skelbiantį: "Išeikite iš jos, Mano žmonės, kad nedalyvautumėte jos nuodėmėse ir nepatirtumėte jos negandų. Nes jos nuodėmės pasiekė dangų, ir Dievas prisiminė jos piktadarystes"

Vaikai, pabuskite šiai tiesai. Skaitykite Mano Knygą. Skaitykite aprašymus to, kas turi ateiti. Nebūkite užklupti netikėtai. Priimkite pagalbą – ateikite į Mano laukiantį glėbį. Aš pasirengęs išgelbėti jus. Aš pasirengęs priimti jus, palaiminti ir paimti į Savo nuostabią Karalystę, kur amžina meilė ir grožis.

Aš paimsiu jus į Savo vestuvių puotą, kur mes susijungsime ir amžinai dalinsimės mūsų meile

Jums nereikia bijoti ateities. Jūs neturite jaudintis dėl to, ką atneš rytojus. Jūs tik turite atsiduoti Man. Visapusiškai įsipareigokite Man. Atiduokite Man viską: savo gyvenimą, savo sielą, savo širdį, savo ateities planus. Pilnai padarykite Mane Viešpačiu ir Kūrėju. Aš išvesiu Jus į saugią vietą

Tiek nedaug ateina, tiek nedaug nori būti Mano didžiosios gelbėjimo misijos dalimi, kai Aš iškelsiu Savo vaikus į saugią vietą ir laikysiu juos Savo danguje

Jūs gausite naują, šlovingą kūną. Šis kūnas bus pilnas šviesos, Mano dangiškos šviesos. Jis bus švytintis, amžinas, nesikeičiantis, šlovingas. Mano vaikai, Mano nuotaka bus graži, miela pažiūrėti

Taip, šis Mano bažnyčios pasikeitimas netrukus įvyks. Ji niekada nebebus tokia pati. Ji bus įspūdinga. Šis pasikeitimas įvyks akimirksniu. Per vieną akimirką Mano bažnyčia bus pakeista, pasipuošusi savo Jaunikiui, pasiruošusi Mano atvykimui, galutinai nuskaistinta ir šventa – įspūdingas reginys

1 Korintiečiams 15:51-54 Aš jums atskleidžiu paslaptį: ne visi užmigsime, bet visi būsime pakeisti, – staiga, viena akimirka, skambant paskutiniam trimitui. Trimitas nuskambės, ir mirusieji bus prikelti negendantys, o mes būsime pakeisti. Nes šis gendantis turi apsivilkti negendamybe, ir šis marus apsivilkti nemarybe. Kada šis gendantis apsivilks negendamybe ir šis marusis apsivilks nemarybe, tada išsipildys užrašytas žodis: "Pergalė prarijo mirtį"! Ji bus graži su visais savo rūbais. Aš pažįstu Savo nuotaką, Aš žinau, kad ji laukia Manęs ir ieško Manęs. Jos tikėjimas nesilpsta ir yra pastovus. Dėl jos Aš miriau. Ji suvokia Mano dovaną, nemokamą Mano dovaną dėl žmonijos išgelbėjimo

Labai nedaugelis tikrai nori šios dovanos ir siekia jos. Tai Mane liūdina, vaikai. Aš praliejau kraują ir miriau baisia mirtimi dėl visų žmonių išgelbėjimo. Labai nedaugelis nori šio išgelbėjimo. Labai nedaugelis priima šį išgelbėjimą ir visiškai paveda save Man

Ateikite, Mano vaikai, nebūkite paliktųjų ir pražuvusiųjų tarpe. Atsitokėkite

Siekite Manęs abiem plačiai atvertomis rankomis. Bėkite į Mano laukiantį glėbį

Ši valanda sparčiai trumpėja. Jūs tuojau išvysite šio pikto amžiaus ir didžiojo sukrėtimo pradžią. Skubiai pabuskite. Pripildykite savo žibintą aliejumi. Jei nepripildysite jo, negalėsite įeiti

Mato 25:4 Protingosios kartu su žibintais pasiėmė induose ir aliejaus

Ateikite ir priimkite Mano Šventąją Dvasią visoje Jos pilnatvėje. Ji įves jus į pilnateisius santykius su Manimi. Tada Aš galėsiu nuplauti jus Savo Krauju ir nuvalyti dėmes nuo jūsų apdaro bei paruošti Savo Karalystei. Todėl jūs galite būti be raukšlės ir dėmės – Mano gražioji nuotaka

Efeziečiams 5:25-27 Jūs, vyrai, mylėkite savo žmonas, kaip ir Kristus pamilo bažnyčią ir atidavė už ją Save, kad pašventintų ją, apvalydamas vandens nuplovimu ir žodžiu, kad pristatytų Sau šlovingą bažnyčią, neturinčią dėmės nei raukšlės, nei nieko tokio, bet šventą ir nesuteptą

Aš noriu paimti jus į šią vietą – laisvės ir amžinojo gyvenimo vietą. Tiesiog ateikite pas Mane visiškai atsiduodami, ir Aš galėsiu pradėti jus ruošti. Laikas senka

Apsispręskite, ar jūs pasiliekate nuošalyje, ar išeinate į laisvę ir saugią vietą

Dabar apsispręskite, vaikai. Aš noriu, kad jūs būtumėte pasiruošę, iš tiesų pasiruošę

Mano meilė laukia jūsų. Jūsų Karalius, Jahushua.

23 SKYRIUS

LAIKRODIS – TIES VIDURNAKČIU

Pradėkime vėl. Vaikai, tai kalba jūsų Viešpats. Turiu pasidalinti daugeliu žodžių

Mano vaikai, yra paskutinė valanda. Ji uždelsia. Laikrodis senka. Jis ties vidurnakčiu. Laikrodyje likę dvi minutės

Tai reiškia, kad pasiruošti jums liko mažai laiko. Aš noriu išties parengti jūsų širdis, kad jūs pasiruoštumėte. Tai valanda, kai čia pat Mano atėjimas, – Aš ateinu išlaisvinti Savo nuotaką nuo ateinančios tironijos bei rūstybės. Jos nepalies blogiausia, kas turi ateiti. Aš išlaisvinsiu ją iš ateinančios tamsos valandos. Ji nebus paliesta to, kas ateina

Mano nuotaka graži ir pasipuošusi Man, savo Karaliui ir Karališkajam Jaunikui

Mano akys nukreiptos tik į ją. Jos grožis svaigina Mane. Savuoju spindesiu ji žavi Mane. Ji – tai paruošti žmonės, pasirengę sutikti savo Jaunikį

Giesmių giesmė 4:9 Tu pagrobei Mano širdį, Mano sesuo, Mano sužadėtine! Tu pagrobei Mano širdį vienu savo akių žvilgsniu, vienu savo karolių perlu

Jie pasiruošė, parengė save. Jie nusiplovė Mano Krauju

Jie apvalyti Mano Žodžiu. Su viltimi žvelgia į Mane. Kasdien ieško Manęs. Jie sutelkę dėmesį į Mane. Mes dalijamės vienas kito artumu. Mes pažįstame vienas kitą

Mano žmonės pavedė savo gyvenimus Man ir atsisakė savo troškimų pasaulyje. Jie atsidavė Man vienam. Jie ieško Mano veido ir Mano balso. Jie pažįsta Mano balsą. Aš kalbu, ir jie seka. Jie kabinasi į Mane

Jono 15:19 Jei jūs būtumėte pasaulio, jis mylėtų jus kaip savuosius. Kadangi jūs ne pasaulio, bet Aš jus išskyriau iš pasaulio, todėl jis jūsų nekenčia

Jie yra brangūs Mano akyse. Aš vedu juos, ir jie seka. Jų gyvenimai atspindi Mano šviesą pasaulyje. Jie yra Mano atspindys pasaulyje – prarastame, nykstančiame pasaulyje

Greitai ši graži šviesa bus paimta iš pasaulio, ir vienintelis likęs dalykas bus tamsa. Įslinks sutemos ir visa pakeis. Tamsa apgaubs žemę – visus keturis kampus. Tai bus tikrai tamsi diena

Tą valandą nereikia jums čia būti. Jūs galite sekti Mane visiškai atsiduodami. Aš paimsiu jus pas Save, apsaugosiu, išvesiu į saugią vietą, kai ateisiu Savo bažnyčios, Savo mielosios bažnyčios. Ji yra pasiruošusi, ir Aš išsaugosiu ją nuo ateinančios tamsos valandos

Vaikai, jau beveik laikas Man ateiti. Liko nedaug laiko. Jūs turite pasiruošti

Liko dar šiek tiek laiko. Nešvaistykite šio laiko, ieškodami tuščių, žemiškų dalykų

Skirkite savo laiką pasiruošimui

Visa savo širdimi ieškokite Manęs. Atgailaukite dėl visų savo nuodėmių. Aš noriu išgirsti tikrą atgailą iš jūsų nuodėmės pilnos širdies. Žmogaus širdis apgauna jį

Tik Aš galiu matyti tikrus žmogaus širdies motyvus. Aš galiu matyti visas širdies viduje paslėptas nuodėmes

Jeremijo 17:9 Širdis yra labai klastinga ir be galo nedora. Kas ją supras! Leiskite Man išvalyti, švariai nuplauti jūsų širdį. Leiskite Man apvalyti jūsų sielą. Leiskite Man paruošti jus stoti Mano akivaizdon. Tik Aš galiu tai padaryti, Mano vaikai. Tik Aš esu pajėgus

Tik Aš turiu galią nuvesti jus iki pabaigos – per Savo Kraują, kuriuo sumokėta už jūsų nuodėmių išpirkimą. Aš trokštu tai duoti jums, kad jūs būtumėte nuskaistinti ir švariai nuplauti

Apaštalų darbai 22:16 Tad ko lauki? Kelkis, pasikrikštyk ir nusiplauk nuodėmes, šaukdamasis Viešpaties vardo! Vaikai, Mano vaikai, Aš laukiu, kad ateitumėte pas Mane su nuolankia atgaila, nuoširdžiai atgailaudami. Eikite į Mano šviesą; priimkite Mano išgelbėjimą, Mano Krauju išpirktą išgelbėjimą. Leiskite Man apvalyti, paruošti jus. Vienintelis Aš galiu tai padaryti dėl jūsų. Padėkite savo gyvenimą prie Mano kojų. Leiskite Man turėti jį visą. Nebijokite. Pasaulis žlunga. Jis neturi jums atsakymų, nei tiesos. Jis nėra patikimas. Tik Aš esu Uola. Tik Manimi galite pasitikėti savo gyvenime

Visiškai atiduokite savo gyvenimą Man. Paveskite jį visą Man, net nežinodami, ką tai galėtų reikšti

Palikite jį Man, ir Aš paimsiu jį iš jūsų, pasirūpinsiu jumis. Aš padarysiu jus Savo paties labai vertinama nuosavybe ir pripildysiu jus Savo meile, Savo Dvasia ir Savo ramybe. Jūs nebijosite ateinančios nelaimės, kadangi Mano ramybė pranoks visą jūsų supratimą. Aš duosiu jums ramybę, kurios negalėsite suvokti. Tai antgamtiška ramybė. Būsite teisūs Dievo, Švento Dievo akivaizdoje. Tai visas jūsų turtas amžinybėje. Aš galiu tai duoti jums... šią neįveikiamą ramybę

Dabar yra laikas paskelbti savo tikėjimą Manimi, pasirinkti Mane. Jei nesirenkate Manęs, jūs renkatės Mano priešą. Pasirinkimai tik du – tik du: jūs arba už Mane, arba prieš Mane. Nėra trečios pozicijos. Neapsigaukite. Jei užimate neutralią poziciją, jūs nesate Mano. Aš noriu visiško pasišventimo

Ateikite pas Mane pilnai, nuolankiai atgailaudami, ir Aš perkelsiu jūsų nuodėmes taip toli, kaip kad rytai toli nuo vakarų. Aš niekada daugiau nebepažvelgsiu į jas. Aš suteiksiu jums pilnatvę. Mes kartu patirsime artumą, ir jūs pažinsite savo Dievą, iš tiesų pažinsite Mane. Aš ilgiuosi tokio "pažinimo" tarp mūsų

Psalmės 103:12 Kaip toli nuo rytų yra vakarai, taip Jis atitolino nuo mūsų nuodėmes

Taigi ateikite, ateikite pažinti Mane. Tikrai verta pažinti Mane. Aš paimsiu jus į ramybės ir sutarimo vietą. Mano Dvasia ves jus ir atvers jūsų akis tiesai, gyvenimą gelbstinčiai tiesai. Ji parodys jums laiką, kuriame gyvenate. Jūs kaip niekad anksčiau susidursite su tiesa, ir tuomet būsite išgelbėti ir užtikrinti dėl vietos Mano Karalystėje

Štai ką Aš trokštu suteikti jums

Ateikite pažinti savo Dievą. Eikime drauge koja kojon. Aš išvesiu jus. Laikas senka. Valanda yra ranka pasiekiama. Rinkitės Mane

Aš esu jūsų Viešpats ir Gelbėtojas, didysis Mesijas, nuolankus Karalius, Jahushua.

24 SKYRIUS

LIAUKITĖS KOVOJĘ VIENI SU KITAIS

Pradėkime. Mano vaikai, aš turiu jums naują žodį

Viskas yra ne taip, kaip atrodo. Kaip jūs žinote, viskas artėja prie pabaigos

Mano vaikai, darosi tamsu. Viskas virsta tamsa. Gyvenimas, kurį pažįstate, dramatiškai keičiasi. Greitai nebus kelio atgal, jokios galimybės

Tai Mano įspėjimas. Aš griežtai įspėju, bet labai nedaug kas to paiso, labai nedaug kas atkreipia dėmesį nei klausosi

Kodėl Mano vaikai nesiklauso? Juos pasigavo jų pačių gyvenimas – ne Mano gyvenimas, ne Mano mintys, ne Mano įspėjimai. Tai rimta, Mano vaikai. Aš neskelbiu įspėjimų Savo labui, o jūsų gerovei. Aš žinau, kas įvyks. Aš noriu, kad jūs taip pat žinotumėte

Mato 6:24 Niekas negali tarnauti dviems šeimininkams: arba jis vieno nekęs, o kitą mylės, arba vienam bus atsidavęs, o kitą nieku vers. Negalite tarnauti Dievui ir Mamonai

Vaikai, Aš nenoriu, kad jūs pasiliktumėte tamsoje. Noriu, kad jūs pabustumėte tiesai. Noriu, kad suvoktumėte tikrovę, kuri tuojau pasirodys. Prašau, pabuskite

Užuoskite blogį – jis yra pačiame jūsų prote. Viskas tapo blogiu. Niekas nesirenka šventumo. Kiekvienas nukrypo nuo kelio

Izaijo 53:6 Mes visi buvome paklydę kaip avys, kiekvienas ėjome savo keliu. Bet Viešpats uždėjo ant Jo visus mūsų nusikaltimus

Tik Mano mieloji nuotaka lieka ištikima. Tik ji žvelgia į Mane. Tik ji su meile ieško Manęs, kiekviename žingsnyje seka paskui Mane. Tai Mano nuotaka, Mano bažnyčia, Mano tikroji bažnyčia

Vaikai, liaukitės riejęsi vieni su kitais. Jūs žlugdote vienas kitą. Liaukitės įrodinėję Mano Žodį. Ne laikas pyktis su savo broliais ir sesėmis. Priešas įėjo ir apgavo jus. Jis nori pažeminti jus iki savo lygio. Paliaukite ginčytis dėl smulkmenų ir mylėkite vienas kitą

Jono 13:34 Aš jums duodu naują įsakymą, kad jūs vienas kitą mylėtumėte: kaip Aš jus pamilau, kad ir jūs mylėtumėte vienas kitą

Atgailaukite vienas prieš kitą dėl savo nuodėmių. Neškite palaiminimus, o ne prakeikimus vienas kitam. Ne laikas kovoti. Atsisakykite kivirčų ir ateikite pas Mane

Aš parodysiu jums, kaip gerai sutarti tarpusavyje. Mano vaikai nupuolė, kadangi jie kovoja vieni su kitais

Tai nėra kelias. Tai nėra Mano kelias. Sutikite su Manimi, vaikai, ir atgailaukite

Tada eikite vienas pas kitą ir pasikeiskite. Atleiskite vienas kitam. Laikas senka

Neleiskite, kad tarpusavio ginčai atitrauktų jus nuo amžino išgelbėjimo

Aš noriu išgelbėti jus, Mano vaikai, bet negaliu išgelbėti tų Savo vaikų, kurie kovoja tarpusavyje. To neturi būti. Kai jūs neatleidžiate vienas kitam, blokuojate artumą su Manimi

Mato 6:14 Jeigu jūs atleisite žmonėms jų nusižengimus, tai ir jūsų dangiškasis Tėvas atleis jums. Taigi atleiskite, ir atleiskite visiškai, nevesdami vienas kito skriaudų bei nusižengimų apskaitos. Tai Mano kelias, vaikai, Švento Dievo kelias. Nekaupkite savo nuoskaudų, kurias turite prieš vienas kitą, ir atgailaudami ateikite pas Mane

Mato 6:15 ...o jeigu jūs neatleisite žmonėms jų nusižengimų, tai ir jūsų Tėvas neatleis jūsų nusižengimų

Aš noriu išlaisvinti jus iš šios nuodėmės. Nėra tokios nuodėmės žemėje, dėl kurios būtų verta prarasti savo amžinąjį išgelbėjimą. Prašau, prisiminkite tai. Vaikai, Mano meilė didžiulė, bet Aš negaliu pro pirštus žiūrėti į nuodėmę. Taigi dabar atgailaukite ir atleiskite vienas kitam. Pradėkite tai daryti. Nepalikite nieko neužbaigto. Atleiskite viską, kad Aš, jūsų dangiškasis Tėvas, galėčiau atleisti jums

Tai taip paprasta, tačiau tiek nedaug kas suvokia, kaip svarbu atleisti, ir atleidžia praeities žaizdas

Leiskite Man pasirūpinti jūsų praeities skausmu. Padėkite savo sielvartą ant Mano pečių ir leiskite Man išgydyti jus. Tik Aš galiu tai padaryti. Ateikite pas Mane ir leiskite Man nešti šias naštas. Aš tai padarysiu. Aš pasirengęs

Leiskite Man atstatyti jūsų gyvenimą ir atlyginti už jūsų skausmą. Man atneškite savo skausmą. Atleiskite tiems, kurie įskaudino jus, ir atsigręžkite į Mane, kad būtumėte paguosti dėl savo skausmo. Aš trokštu suteikti jums užbaigtą ir vientisą širdį. Tai Mano pažadas

Skaitykite Mano Žodį. Aš esu Atstatymo Dievas. Leiskite Man atstatyti jūsų pilnatvę ir džiaugsmą. Aš esu vienintelis, kuris atstatau ir atlieku viską – nėra kito

Leiskite Man parodyti jums tikrą meilę. Tik Aš suteikiu tikrą meilę

Joelio 2:25 Aš atlyginsiu jums už metus, kuriuos sunaikino vikšrai, skėriai, vabalai ir amaras – Mano didžioji kariuomenė, kurią siunčiau prieš jus

Taip, artėja Mano sugrįžimo valanda. Leiskite Man apvalyti ir atstatyti jus naujam gyvenimui Manyje. Leiskite Man paruošti jus Mano atėjimui. Aš pasirengęs ir noriu veikti. Aš esu jūsų viltis, vienintelė viltis

Ateikite pas Mane. Dabar yra laikas. Nelaukite pernelyg ilgai. Tik Aš esu vertas

Vertas yra Avinėlis. Greitai bėkite į Mano glėbį

Tai jūsų Viešpats, Jahushua.

25 SKYRIUS

AŠ NEPAIMSIU JŪSŲ, JEI NEATGAILAVOTE

Pradėkime. Aš pasiruošęs pateikti jums žodį. Vaikai, artėja Mano greito sugrįžimo valanda. Tai ateina tinkamu laiku

Daug kas galvoja, kad Aš niekuomet neateisiu. Daug kas galvoja, kad Aš neateisiu dar daugelį metų. Mano vaikai, Aš ateisiu labai greitai. Mano atėjimas arti

Netgi prie durų. Daugelį jis užklups nebudinčius. Daugelis miegos, kai Aš ateisiu, – dvasiškai miegantys

1 Tesalonikiečiams 5:6 Todėl nemiegokime kaip kiti, bet budėkime ir būkime blaivūs! Netrukus šis laikas ateis. Tik tie, kurie budi ir laukia, bus pasirengę

Visi tie, kurie nekreipia dėmesio, bus palikti susidurti su tuo, kas ateina. Laikas labai arti

Vaikai, jūs turite būti pasiruošę. Nebūkite užklupti netikėtai. Aš nenoriu palikti nei vieno, bet deja, daugelis bus palikti. Kokia baisi valanda ateina. Aš noriu, kad jūs pabustumėte. Susitaikykite su šia realybe. Aš artinuosi, ir Aš jau prie durų. Greitai daugiau niekas nebebus nustebintas, nes įsigalės realybė to, kas nutiko. Pasaulis žinos, kokie pasikeitimai atėjo į jį – dideli pasikeitimai. Labai greitai jis nebebus toje pačioje padėtyje

Mano vaikai, klausykite Manęs atidžiai: Aš nepaimsiu jūsų, jei turite nuodėmę, už kurią neatgailauta

Aš negalėsiu pasiimti jūsų. To negali būti, Mano vaikai. Taigi, ateikite pas Mane ir atgailaukite dėl savo nuodėmių. Prašau, padarykite tai savo prioritetu

Luko 13:5 Ne, sakau jums, bet jei neatgailausite, visi taip pat pražūsite

Ateikite ištaisyti reikalus su Manimi. Aš trokštu paimti jus į Savo Karalystę. Aš noriu išgelbėti jus nuo to, kas ateina. Aš negalėsiu paimti jūsų, jei jūs nesate Manieji

Jei neatėjote pas Mane ir nepavedėte savo gyvenimo Man, jūs nesate Manieji. Tai labai svarbu, vaikai. Jūs privalote atiduoti savo gyvenimą Man. Padėkite savo gyvenimą prie Mano kojų, nieko nepasilaikydami

Laikas ateiti pas Mane su nuolankia atgaila. Man atneškite savo naštas bei rūpesčius. Aš noriu jūsų gyvenimo. Gyvenimą su visais jo netobulumais ir sunkumais Aš pakeisiu į meilės, džiaugsmo ir pilnatvės gyvenimą

Greitai, labai greitai Aš ateisiu, ir Aš noriu, kad jūs būtumėte pasiruošę. Ši valanda artėja

Leiskite Man įvesti jus į Savo pilnatvę ir atstatyti jūsų vientisumą. Mano meilė gali padengti visas jūsų nuodėmes. Ateikite pas Mane – Aš laukiu atvėręs glėbį; glėbį, kuris trokšta laikyti ir mylėti jus

Luko 5:31 Jėzus jiems atsakė: "Ne sveikiesiems reikia gydytojo, bet ligoniams"

Neatidėliokite. Tai svarbus laikas. Aš nevėluosiu paimti Savo nuotakos

Aš pasiruošęs pasiimti ją namo, į rūmus, kuriuos paruošiau jai. Tai vieta, kur ji bus saugi

Taigi, Mano vaikai, pasiruoškite, nes Mano atėjimas beveik šalia. Aš kalbu jums kaip Tėvas, kuris myli ir rūpinasi jumis. Aš noriu išsaugoti jus, išgelbėti nuo pasaulio, kuris netrukus išprotės. Leiskite Man parodyti jums duris į saugią vietą. Jos netrukus atsidarys. Tačiau paskui jos užsidarys. Taigi, būkite pasiruošę, kaip ir Aš esu pasiruošęs paimti jus

Tai jūsų Viešpats, dangiškasis Dievas, Jahushua.

26 SKYRIUS

BŪKITE SUSIKONCENTRAVĘ Į MANE

Luko 13:24-25 Stenkitės įeiti pro siaurus vartus. Sakau jums, daugelis bandys įeiti, bet neįstengs. Kai namų Šeimininkas atsikels ir užrakins duris, jūs, stovėdami lauke, pradėsite belsti į duris ir prašyti: "Viešpatie, Viešpatie, atidaryk mums!" O Jis atsakys: "Aš nežinau, iš kur jūs"

Aš noriu, kad jūs būtumėte susikoncentravę į Mane, kad jūsų žvilgsnis būtų nukreiptas į Mane. Dabar ne laikas blaškytis ir koncentruotis į pasaulį. Tai įžvalgumo ir susitelkimo valanda. Tai valanda, kai reikia atkreipti dėmesį ir laukti Manęs bei greito Mano sugrįžimo. Kiekvieną dieną tai vis arčiau

Neatmeskite Mano įspėjimų. Įspėjimai ateina iš visų pusių. Aš siunčiu pranešimus daugeliu krypčių. Jie ateina per nelaimes, per karus ir karų gandus, per Mano pranašus bei pasiuntinius, per ženklus bei stebuklus danguje, per kūdikių lūpas

Jūs būsite nepateisinami, jei būsite palikti. Nieko negalėsite kaltinti, tik save, jei būsite palikti susidurti su tuo, kas blogiausia

Iš Mano Knygos buvo aišku apie laikus, kuriuose gyvenate, ir apie tai, kas įvyks žemėje. Vaikai, jūs turite suprasti šias tiesas. Nestovėkite tuščiomis rankomis, manydami, jog Aš nieko jums nedaviau, kad galėtumėte eiti, ir nieko neįspėjau. Aš daviau jums Savo Knygą, bet jei jūs atmetate ir ignoruojate Mano Žodį bei įspėjimus, Aš negaliu jums padėti

Mano paskelbta žinia buvo aiški ir gausi. Mano akivaizdoje jūs neturėsite pasiteisinimo, jei atsisakote priimti šią žinią. Aš galiu prašyti, įtikinėti, reikalauti, kad jūs atkreiptumėte dėmesį, tačiau niekada neversiu jūsų apsispręsti

Pasirinkimas yra griežtai jūsų

2 Petro 3:3-4 Pirmiausia žinokite, kad paskutinėmis dienomis pasirodys šaipūnai, gyvenantys savo geiduliais ir kalbantys: "Kur Jo atėjimo pažadas? Juk nuo to laiko, kai užmigo protėviai, visa pasilieka kaip buvę nuo sutvėrimo pradžios"

Tiek nedaug priims teisingą sprendimą ar iš viso rinksis. Neapsisprendimas vis dėlto yra Mano priešo pasirinkimas. Deja, daugelis neapsisprę̨s, ir dėlto liks pavaldūs jo valdžiai bei kontrolei. Tai labai liūdina Mane, nes ant Kalvarijos kalno Aš sumokėjau didžiulę kainą, kad Mano vaikai galėtų patirti išvadavimą, tikrą išvadavimą iš Mano priešo ir savo gniaužtų. Nėra būtina Mano vaikams bereikalingai kentėti šiame ar kitame gyvenime be amžinos vilties ir meilės

Mato 24:37-39 Kaip buvo Nojaus dienomis, taip bus ir tada, kai ateis Žmogaus Sūnus. Kaip dienomis prieš tvaną žmonės valgė, gėrė, tuokėsi ir tuokė iki tos dienos, kurią Nojus įžengė į laivą, nieko nenumanydami, kol užėjo tvanas ir visus nusinešė; taip bus ir tada, kai ateis Žmogaus Sūnus

Taigi, vaikai, pabuskite! Priimkite šią tokią brangią dovaną, kurią Aš siūlau, ir leiskite Man išpirkti jūsų laisvę. Aš galiu tai padaryti. Aš pasiruošęs. Mano dalis yra duoti, ir Aš duodu tai jums laisvai. Tai Mano noras įvesti jus į pilnatvę, ramybę ir į sveiką protą. Visa tai yra jūsų, jei atsisukate į Mane, visiškai atsiduodate, padedate savo gyvenimą prie Mano kojų. Leiskite Man būti jūsų Viešpačiu ir Kūrėju. Leiskite Man pripildyti jus Savo Dvasia ir padengti Savo Krauju, kad galėčiau sunaikinti jūsų nuodėmių sąrašą

Luko 17:16 Jis dėkodamas parpuolė Jėzui prie kojų. Tai buvo samarietis

Leiskite Man parodyti jums kelią, kuriuo eiti, ir išlaisvinti iš priešo kelių

Ateikite pas Mane ir priimkite Mano ugnyje išgrynintą bei apvalytą ir Mano Žodžio vandeniu nuplautą širdį. Tai jūsų dalis – priimti

Jono 15:3 Jūs jau esate švarūs dėl žodžio, kurį jums kalbėjau

Atsitraukite nuo visų savo planų ir Man paveskite savo gyvenimą bei visus savo planus. Leiskite Man turėti jūsų gyvenimą. Aš pakeisiu jūsų gyvenimą bei planus Savo tobulais planais ir valia jūsų gyvenimui – planais, kurie buvo skirti jūsų gyvenimui, kuriuos Aš parengiau jums tada, kai kūriau jus. Vaikščiokite Mano valioje, daugiau nebenusidėkite, vaikščiodami savo pačių valioje. Ateikite į Mano valią ir būkite tobuli Mano akivaizdoje. Tai Mano troškimas jūsų gyvenimui

Aš esu jūsų Kūrėjas. Aš žinau, kas jums geriausia. Ateikite ir priimkite šią nuostabią dovaną – ramybę su savo Kūrėju

Vaikai, laikas skuba. Negaiškite daug laiko sprendimui priimti. Laiko mažėja

Aš nenoriu, kad jūs susidurtumėte su tuo, kas blogiausia. Ieškokite Manęs, ir Aš atskleisiu jums šią tiesą ir atversiu jūsų akis. Aš nuimsiu žvynus ir išlaisvinsiu jus, paruošiu, kad galėtumėte su Manimi ateiti į namus, į saugią vietą

Apaštalų darbai 9:17-18 Ananijas nuėjo į tuos namus, uždėjo ant jo rankas ir tarė: "Broli Sauliau! Viešpats Jėzus, kuris tau pasirodė kelyje, kai keliavai, atsiuntė mane, kad tu vėl regėtum ir taptum pilnas Šventosios Dvasios". Ir bematant jam nuo akių lyg žvynai nukrito. Jis kaipmat atgavo regėjimą ir buvo pakrikštytas

Aš noriu, kad jūs pabustumėte. Mano troškimas – kad jūs ateitumėte į Mano laukiantį glėbį

Nedvejokite. Neryžtingumas gali būti pavojingas ir gali kainuoti jums amžiną išgelbėjimą

Šis žodis atėjo iš jūsų Tėvo, kuris rūpinasi, mylinčio Jahushua.

27 SKYRIUS

JŪS TURITE BŪTI PASIRUOŠĘ, JEI NORITE IŠEITI SU MANIMI

Pradėkime. Vaikai, Aš esu jūsų Viešpats, ir Aš turiu jums žodį

Laikas eina į pabaigą. Greitai Aš ateisiu paimti Savo nuotaką į saugią vietą, kad laikyti ją saugiai. Ji pakils nuo žemės pergalėje ir šlovėje. Ji yra Mano nugalėtoja. Aš pasiimsiu ją Sau, pakelsiu ją į orą susitikti su Manimi

Šis įvykis vadinamas "Paėmimu"; bet kaip tai bepavadintume, šis įvykis nutiks netrukus. Aš išlaisvinsiu Savo nuotaką iš neteisingai einančio pasaulio grandinių – visiškai nekontroliuojamo, pasaulio, gyvenančio be Dievo

1 Korintiečiams 15:51-52 Aš jums atskleidžiu paslaptį: ne visi užmigsime, bet visi būsime pakeisti, – staiga, viena akimirka, skambant paskutiniam trimitui. Trimitas nuskambės, ir mirusieji bus prikelti negendantys, o mes būsime pakeisti

Aš esu Kontrolės Dievas, ir tuojau pasaulis patirs gyvenimą be Mano stiprios rankos apsaugos viršum jo. Netrukus tai įvyks

Dauguma, tie kurie palikti, bus šio įvykio liudytojai. Mažiau bus tokių jo liudytojų, kurie paimti nuo žemės. Aš noriu, kad jūs būtumėte vieni tų, kurie yra išgelbėti; bet jūs privalote būti pasiruošę, jei norite išeiti su Manimi. Tik tie, kurie skaisčiai nuplovė save Mano Kraujyje ir kurie godžiai laukia greito Mano sugrįžimo, išeis su Manimi, kai Aš pašauksiu Savo nuotaką iš čia. Tik nedaugelis išeis. Tai rimta, Mano vaikai, visi kiti bus palikti

1 Jono 1:7 O jei vaikščiojame šviesoje, kaip ir Jis yra šviesoje, mes bendraujame vieni su kitais, ir Jo Sūnaus Jėzaus Kristaus kraujas apvalo mus nuo visų nuodėmių

Koks nusiminimas laukia tų, kurie bus palikti. Nebūkite vieni iš jų. Jūs neturite būti. Aš padariau jums kelią. Aš sutvarkiau praėjimą. Savo Krauju Aš padariau kelią

Per Mane jūsų kelias yra švarus ir laisvas. Nėra kito kelio

Niekas kitas neišgelbės jūsų. Nėra kitų atsakymų. Tik šis: atsigręžkite į Mane, atsiduokite Man. Nedvejokite. Darykite tai skubiai, nes Mano atėjimas arti. Skirkite laiko pažinti Mane. Aš pasiruošęs ir laukiu jūsų. Mano meilė laukia jūsų

Ateikite pas Mane nuolankiai atgailaudami. Aš paruošiu jus per Savo padengiantį Kraują ir Savo Žodį – nuplausiu Savo Žodžiu

Efeziečiams 5:25-27 Jūs, vyrai, mylėkite savo žmonas, kaip ir Kristus pamilo bažnyčią ir atidavė už ją Save, kad pašventintų ją, apvalydamas vandens nuplovimu ir žodžiu, kad pristatytų Sau šlovingą bažnyčią, neturinčią dėmės nei raukšlės, nei nieko tokio, bet šventą ir nesuteptą

Ateikite pas Mane. Nešvaistykite laiko. Tai laikas, kad suprasti visą rimtumą su Dievu

Nelaukite pernelyg ilgai

Aš esu jūsų Viešpats Dievas Jahushua.

28 SKYRIUS

JŪSŲ AMŽINYBĖ YRA ANT SVARSTYKLIŲ

Pradėkime vėl. Vaikai, Mano sugrįžimo laikas čia pat. Jis baigiasi

Reikia daug padaryti, norint būti pasiruošus. Aš turiu daug padaryti dėl jūsų

Man reikia, kad jūs visiškai paklusdami pavestumėte savo gyvenimą Man, visiškai atsiduotumėte. Aš laukiu viso to, vaikai. Dalinis pasišventimas nėra pasišventimas

Prašau rimtai tai apmąstyti. Jūsų amžinybė yra ant svarstyklių. Be visiško atsidavimo jūs nesate iš tiesų Manieji, – nesvarbu, ką jūs kalbate ar galvojate, – tik per visišką atsidavimą jūs esate iš tiesų Manieji

Vaikai, Aš noriu, kad jūs būtumėte sutelkę dėmesį į Mane – visas dėmesys į Mane. Aš žinau išeitį. Aš žinau išsigelbėjimo kelio kryptį – vien tik Aš. Aš esu tas, kuris turi raktus į jūsų išgelbėjimą, jūsų susigrąžinimą iš to, kas ateina

Jei jūs žvalgotės į kairę ar dešinę, būsite sugluminti. Neleiskite tam nutikti

Valanda senka. Mano vaikai, jūs turite pabusti. Atsitokėkite. Būkite budrūs! Mato 7:14 O ankšti vartai ir siauras kelias veda į gyvenimą, ir tik nedaugelis jį randa

Ateina laikas Man susigrąžinti Savo nuotaką, pasiimti ją kartu į namus, palydėti ją į jos naujuosius namus, kur ji per amžius gyvens su Manimi, savo Jaunikiu

Aš trokštu paimti ją į Savo glėbį, priglausti ir išlieti jai Savo meilę, garbinti ją ir parodyti jai Savo meilę. Netrukus tai įvyks. Aš esu pasiruošęs, ir Mano nuotaka pasiruošusi. Ji kantriai laukia

111

Mano nuotaka yra šio pasaulio šviesa. Ji ryškiai šviečia tamsoje, grėsmingame pasaulyje. Ji paskutinė likusi šviesa. Ji ryškiai šviečia ir atspindi Mano šviesą. Ši šviesa yra tiesa, Mano amžina tiesa. Visa kita yra priešo melas. Jis suklaidino pasaulį savo melais ir daline tiesa. Pasaulis yra suklaidintas, ir žmonės negali matyti tiesos

Jeremijo 17:5-6 Taip sako Viešpats: "Prakeiktas žmogus, kuris pasitiki žmogumi ir kūną laiko savo stiprybe, kurio širdis nutolsta nuo Viešpaties. Jis bus kaip krūmokšnis dykumoje ir nieko gero nematys. Jis gyvens sausoje, druskingoje ir negyvenamoje šalyje"

Atėjo laikas, kad Mano vaikai pabustų, išvystų tiesą. Pasaulis artėja prie pabaigos, – kaip ir turėjo būti. Brėkšta naujas laikmetis: antikristo ir ateinančių priešiškų pasikeitimų laikmetis. Niekas nebus apsaugotas, tik Mano tikrieji pasekėjai, kuriuos pasiimsiu kartu į namus, kai patrauksiu juos į saugią vietą. Jie vieninteliai atleisti nuo to, kas ateina, su kuo pasaulis susidurs, kai į valdžią ateis Mano priešas ir jam bus leista valdyti bei viešpatauti. Kokia tamsi diena laukia

Apreiškimo 17:16-17 Tie dešimt ragų, kuriuos matei ant žvėries, – jie ims nekęsti paleistuvės, apiplėš ją ir paliks ją nuogą, ės jos kūną ir ją pačią sudegins ugnyje. Nes Dievas įkvėpė jų širdis vykdyti Jo tikslą, vykdyti vieną tikslą – kad jie atiduotų savo karalystę žvėriui, kol išsipildys Dievo žodžiai

Žmonijai tai bus sunkus tamsos laikas – ateina gili tamsa ir vargas

Šis laikas sparčiai artėja. Netrukus niekas nebebus taip pat

Vaikai, Aš noriu, kad jūs būtumėte pasiruošę su Manimi pakilti nuo žemės. Aš noriu, kad jūs eitumėte su Manimi. Jūs galite išvengti viso to, kas ateina į žemę, jei pašalinsite savo aklumą ir ateisite pas Mane nuolankiai atgailaudami ir visiškai atsiduodami

Aš trokštu paimti jus į Savo glėbį ir išgelbėti nuo viso sielvarto, kuris laukia. Tai didysis Mano troškimas – išgelbėti jus nuo ateinančio vargo valandos

Aš duodu daug žodžių bei ženklų, norėdamas įvesti jus į šią tiesą. Nedaugelis atkreipia dėmesį. Tiek daug vis dar atsidavę šiam ištvirkusiam pasauliui ir visam jo blogiui. Taip, vaikai, kol įsitvėrę laikotės šio pasaulio ir jo kelių, Mano akivaizdoje jūs esate svetimautojai, ir Aš negaliu turėti jūsų Savo Karalystėje. Taigi išeikite, Mano vaikai. Palikite šį pasaulį ir viską, ką jis simbolizuoja. Jis yra šlykštus ir amoralus, priešiškas Dievui, ir Aš daugiau nebegaliu toleruoti šio pasaulio

Ezechielio 16:35-36 Paleistuve, išgirsk Viešpaties žodį! Kadangi tu atidengei savo gėdą ištvirkaudama su meilužiais, su savo bjauriais stabais ir aukojai jiems savo vaikų kraują

Laikas senka. Atsitokėkite. Atverkite savo akis. Supraskite laiką, kuriame gyvenate. Neapsigaukite su tuo, kas atrodo normalu ir teisinga

Aš paimsiu jus į Savo amžiną Karalystę. Visiškai atsiduokite Man. Padarykite Mane savo Viešpačiu ir Kūrėju. Dabar laikas apsispręsti. Neatidėliokite! Tai jūsų Viešpats ir Kūrėjas, Jahushua

Luko 21:31-32 Taip pat pamatę visa tai vykstant, žinokite, kad arti yra Dievo karalystė. Iš tiesų sakau jums: ši karta nepraeis, iki visa tai įvyks.

29 SKYRIUS

DABAR TURITE BĖGTI, O NE EITI PAS MANE

Taip, dukra, pradėkime. Mano vaikai, tai kalba jūsų Viešpats

Aš noriu, kad jūs žinotumėte, jog Aš netrukus ateinu. Valanda tiesiog prie durų

Netrukus Aš paruošiu Savo kelią, kad galėčiau ateiti ir atgauti Savo nuotaką

Ji miela ir jos grožis švyti

Aš stebiu ją su didele aistra ir trokštu pasiimti į namus, į jos nuostabius dangiškus namus, kuriuos jai paruošiau. Ši valanda artėja, Mano vaikai. Jums reikia pasiruošti. Jums reikia paskubėti ruoštis

Šmėkščioja tamsi diena. Netrukus Aš perkelsiu Savo nuotaką. Patrauksiu ją į atokią, saugią vietą. Laikas pasitraukti. Mano sugrįžimas beveik prie durų. Taigi, labai skubiai ateikite į Mano laukiantį glėbį, Mano vaikai

Dabar jūs turite bėgti, o ne eiti pas Mane. Nebūkite pernelyg pasitenkinę, vaikai

Nepaniekinkite to, nes Mano įspėjimai yra tikri. Aš vedu jus į šią vietą, Mano vaikai

Aš noriu jus pažadinti, atgaivinti, pastatyti priešais tiesą. Labai greitai šis laikas bus prie pat durų

Paklausykite Manęs, vaikai, Aš noriu pažadinti jus. Į žemę ateina vargas. Tai ateina lyg garvežys. Jis lekia žemyn. Niekas negali to sustabdyti

Nei vyras, nei moteris, nei vaikas negali sustabdyti to, kas ateina

Baisios pasekmės laukia tų, kurie nepaiso Mano įspėjimų. Aš daugeliu būdų skelbiau daugybę įspėjimų, oi kiek daug įspėjimų. Jūs būsite nepateisinami, jei sakysite, kad niekada to nežinojote

Kiekvienas yra atsakingas už savo paties nuodėmę – kaip Aš aiškiai kalbėjau Savo Knygoje. Visa tai išdėstyta Mano Knygoje, – jei tik Mano vaikams rūpėtų tai suprasti. Reikia laiko, kad suprasti Mano Knygą. Turite atidėti į šalį tai, ką darote pasaulyje, ir pasaulio užsiėmimus, kad atrastumėte laiko Mano Knygai. Bet jūs neatidedate į šalį žemiškų užsiėmimų, kad skirti laiko Mano Žodžiui

Romiečiams 14:12 Taigi kiekvienas iš mūsų duos Dievui apyskaitą už save

Jūs mieliau žaidžiate su pasauliu. Tačiau visa, kas blizga, nėra auksas, Mano vaikai

Pasaulis siekia viso to, kas blizga ir yra nauja, bet tai tikri nuodai, nešantys vien mirtį

Atmeskite pasaulį ir susitikite su savo Dievu. Ar nėra verta ieškoti Manęs? Jono 12:25 Kas myli savo gyvybę, ją praras, o kas nekenčia savo gyvybės šiame pasaulyje, išsaugos ją amžinajam gyvenimui

Taip, dėl jūsų Aš miriau sunkia mirtimi ant baisaus medinio kryžiaus. Tai buvo nepakeliama. Taip, Aš pavedžiau Savo gyvenimą Tėvui po to, kai keletą valandų buvau kankinamas piktų, nedorų, neapykantos kupinų vyrų rankomis, kurie vykdė savo tėvo, Mano priešo, valią. Tai buvo kaina, kurią Aš sumokėjau už jus ir už jūsų gyvenimą. Ar Aš nesu vertas jūsų laiko, jūsų meilės bei dėmesio? Psalmės 22:12-18 Daug veršių apsupo mane, Bašano jaučiai apstojo mane. Jie išsižiojo prieš mane tarsi plėšrus ir riaumojantis liūtas. Aš išlietas lyg vanduo. Išnarstyti visi mano kaulai. Mano širdis kaip vaškas, ištirpęs krūtinėje. Mano jėgos išdžiūvo lyg šukė, prie gomurio limpa liežuvis; į mirties dulkes Tu atvedei mane. Apspito mane šunys, nedorėlių gauja aplink mane. Jie pervėrė mano rankas ir kojas. Galiu suskaičiuoti visus savo kaulus. O jie žiūri ir stebi mane, drabužius mano dalijas, meta dėl mano apdaro burtą

Ateikite pas Mane. Aš prašau jūsų ateiti pas Mane. Leiskite paimti jus į Savo glėbį, laikyti, rūpintis jumis, kaip Savimi pačiu. Aš esu jūsų mylintis Tėvas. Nėra didesnės meilės už Manąją, nėra didesnio prisirišimo už Manąjį jums. Neatsisakykite Manęs, jūsų meilės. Ateikite pas Mane nuolankiai atgailaudami. Leiskite Man apvalyti jus ir padaryti teisius Mano akivaizdoje. Leiskite Man pripildyti jūsų širdį džiaugsmu ir malone. Aš galiu tai padaryti. Aš pasirengęs

Dabar yra laikas. Nelaukite ir nesvyruokite. Tai Mano sugrįžimo diena. Aš ateinu paimti jūsų. Leiskite man pripildyti jus Savo Dvasia. Leiskite Man padaryti jus vientisus – užbaigtus Manyje. Laikas senka, vaikai. Greitai nebeliks laiko. Taigi, nenuvertinkite šio nuostabaus pasiūlymo – mielo Mano išgelbėjimo ir kraujo, kurį praliejau dėl jūsų atpirkimo, kad jūs būtumėte pilni ir užbaigti Manyje amžinai, per visą amžinybę

Mato 25:46 Ir šitie eis į amžinąjį kentėjimą, o teisieji į amžinąjį gyvenimą

Aš trokštu intymiai pažinti jus – mes galime turėti tokį artumą. Tai jūsų dalis – priimti. Prašykite Manęs, ir Aš duosiu tai jums. Aš trokštu dalintis draugyste su jumis, turėti artumą – tai Mano noras visuomet būti šalia jūsų giliu ir asmenišku būdu

Jei ateinate pas Mane šiuo būdu, Aš taip pat ateisiu pas jus. Mano Žodis skelbia, kad Man reikia tokio jūsų artumo. Aš noriu, kad jūs ieškotumėte Manęs ramioje vietoje, kur mes galėtume dalintis vienas kito draugija

Mano vaikai, tai vieta, kur Aš galiu duoti jums nurodymus, kaip Aš norėčiau, kad jūs pragyventumėte savo gyvenimą. Kai jūs einate į artumą su Manimi, tuomet mes galime pradėti pažinti vienas kitą, ir Aš galiu jums išdėstyti Savo planus, kaip Aš norėčiau vesti jus jūsų gyvenime

Bet pirmiausia jūs privalote būti Mano valioje; o kad būti Mano valioje, jūs privalote pavesti savo gyvenimą Man – atiduoti Man viską. Perduokite savo gyvenimą Man ir nieko nepasilaikykite sau – padarykite savo gyvenimą visiškai Mano. Aš noriu visiško atsidavimo. Tai reiškia palikti visa kita ir pasaulį. Aš noriu, kad jūs paliktumėte savo įsipareigojimus pasauliui ir būtumėte pasiruošę sekti Mane, kur Aš bevesčiau jus

Tai nėra kažkas, ką daugelis žmonių norėtų daryti. Tiek daug nori įsikibti į kažką, jog atsisako paleisti iš rankų. Mano vaikai, kas stovi tarp mūsų? Ar tai jūsų darbas, jūsų turtas? Ar tai jūsų tarnavimas? Ar tai jūsų vaikai? Kas stovi tarp mūsų? Kas jus jaudina labiau už Mane? Mato 10:37-39 Kas myli tėvą ar motiną labiau negu Mane – nevertas Manęs. Kas myli sūnų ar dukterį labiau negu Mane – nevertas Manęs. Kas neima savo kryžiaus ir neseka paskui Mane, tas nevertas Manęs. Kas išsaugo savo gyvybę, praras ją, o kas praranda savo gyvybę dėl Manęs – atras ją

Vaikai, jei nestatote Manęs į pirmą vietą, prarasite tai, kas jus jaudina labiau už Mane, taip pat ir Mane. Tai rimti žodžiai, Mano vaikai, tačiau privalu išsakyti. Aš noriu, kad jūs išgirstumėte juos ir apsvarstytumėte, kame esate Manyje. Ar Aš esu pirmoje vietoje jūsų gyvenime, ar žemesnėje pakopoje? Mano vaikai, jums reikia įvertinti savo poziciją Manyje. Kokią vietą Aš užimu jūsų širdyje? Vaikai, būkite arti Manęs – Aš trokštu priglausti jus prie Savo širdies. Ateina Mano greito sugrįžimo valanda. Aš nenoriu, kad būtumėte palikti susidurti su tuo, kas blogiausia. Ateikite ir atraskite Mane. Aš visada esu šalia. Aš laukiu, kad jūs ieškotumėte Manęs. Mano meilė didžiulė! Nepraleiskite Mano meilės malonumo amžinybėje

Tai jūsų Karališkasis Jaunikis, Jahushua.

30 SKYRIUS

MANO NUOTAKA NUOSTABI VISUOSE SAVO KELIUOSE

Taip, dukra, pradėkime vėl. Mano vaikai, tai Aš, jūsų Viešpats. Aš sveikinu jus Savo Tėvo vardu - jūsų Tėvo

Vaikai, skuba užgriūti valanda, kai Aš atgausiu nuotaką. Ji nuostabi visuose savo keliuose. Man malonu ją vadinti Savo vienintele. Ji yra Mano mylimoji

Aš labai greitai paimsiu ją į Savo laukiantį glėbį. Ji visą amžinybę bus su Manimi

Mes lyg skriejančios žvaigždės – ji ir Aš. Mūsų meilė niekada nepatirs pabaigos – begalinė, amžina meilė. Ramybė, kurią Aš suteiksiu, truks amžinai. Ji yra Mano mieloji nuotaka. Ji paklusni ir mėgsta Mano kelius. Ji yra Mano meilė, ir seka Mane

Ji eina Mano siauru taku. Ji stebi Mane. Jos keliai yra nuostabūs

Ji yra paskutinė šviesa žemėje. Ji demonstruoja pasauliui Mano kelius. Pasaulis per ją mato Mane. Ji atspindi Mano paveikslą pasaulyje. Jos keliai yra nuolankūs ir atspindi vaikišką tikėjimą. Tai dangiškos savybės

Artėja valanda, kai Aš paimsiu ją nuo žemės. Aš pasiimsiu ją pas Save. Aš paslėpsiu ją saugioje vietoje. Netrukus ji ateis su Manimi į saugią vietą, kur Aš laikysiu ją nuošaliai nuo to, kas ateina. Tas laikas artėja – neabejokite

Mato 18:3 ...ir tarė: "Iš tiesų sakau jums: jeigu neatsiversite ir nepasidarysite kaip maži vaikai, niekaip neįeisite į dangaus karalystę"

Aš noriu paruošti jus ir parengti taip, kaip pasirengusi Mano nuotaka. Ji pasiruošė, nusiplovė Mano Kraujyje. Ji apsivalė nuo raukšlių ir dėmių. Ji pasiruošusi ateiti pas Mane į dangų, bendrauti su Manimi, mėgautis Mano buvimu

Efeziečiams 5:25-27 Jūs, vyrai, mylėkite savo žmonas, kaip ir Kristus pamilo bažnyčią ir atidavė už ją Save, kad ją pašventintų, apvalydamas vandens nuplovimu ir žodžiu, kad pristatytų Sau šlovingą bažnyčią, neturinčią dėmės nei raukšlės, nei nieko tokio, bet šventą ir nesuteptą

Aš pasiruošęs jos atėjimui pas Mane į padangę, jos pakilimui čia. Tai paslaptis, didelė paslaptis, kaip ji bus tobulai pakeista. Ji bus pakeista į Mano atvaizdą šlovingame naujame kūne

Jos kūnas bus pakeistas: be trūkumų, negendantis, amžina šviesa, Mano šviesa

Ji švies danguje. Ji bus šlovinga ir švytės ta pačia šviesa, kaip ir Aš. Šis kūnas niekada nemirs ir nepažins mirties. Tai amžinos jaunystės šaltinis. Šis kūnas nepažins ribų

Mano vaikai mėgausis savo naujais kūnais. Jie niekada nepatirs skausmo. Šie kūnai keisis kartu su aplinkybėmis, kokių reikalaujama. Jie lengvai sklandys visur danguje

Šie kūnai sklandys arba vaikščios. Jie darys viską, ką daro žmonių kūnai, ir dar daug daugiau. Jie yra šviesos kūnai. Šie kūnai niekada nebus kliūtimi, kaip yra su žmonių kūnais. Nėra nieko, ko šie kūnai negalėtų daryti. Nėra jokių apribojimų, kaip kad turi žmogaus kūnas. Mano vaikai valgys ir mėgausis maistu taip, kaip tai daro dabar. Visa, kas susiję su šiais naujais šlovingais kūnais, jaudins ir stebins tuos, kurie priims juos. Viskas pasikeis vienu atokvėpiu, per akimirksnį. Mano vaikai pasikeis akimirksniu. Jiems tai nutiks greitai. Jie bus priblokšti

Vaikai, tai amžinas pasikeitimas. Ko akis neregėjo ar ausis negirdėjo, tai Aš paruošiau Savo vaikams, Savo ištikimiems vaikams

1 Korintiečiams 15:51-54 Aš jums atskleidžiu paslaptį: ne visi užmigsime, bet visi būsime pakeisti, – staiga, viena akimirka, skambant paskutiniam trimitui. Trimitas nuskambės, ir mirusieji bus prikelti negendantys, o mes būsime pakeisti. Nes šis gendantis turi apsivilkti negendamybe, ir šis marus apsivilkti nemarybe. Kada šis gendantis apsivilks negendamybe ir šis marusis apsivilks nemarybe, tada išsipildys užrašytas žodis: "Pergalė prarijo mirtį!"

Atsigręžkite ir pripažinkite Mane. Jūs nenorėsite praleisti šio įvykio ir visos Mano šlovės, kai Aš ateisiu paimti Savo nuotakos pas Save. Šis įvykis artėja. Vaikai, pasiruoškite – ruoškitės. Būkite budrūs, ieškokite Manęs. Labai nedaugelis laukia Manęs. Jie sugauti į pasaulio gniaužtus

Visa tai atrodo normalu ir teisinga, tačiau tai apgaulinga. Pasaulis yra melagis

Jis pilnas blogio ir laikosi savo tiesos. Jis tvirtai laikosi melo ir priima jį kaip tiesą. Jo lūpose nėra tiesos. Pasauliui reikėtų, kad jūs manytumėte, jog viskas gerai; tačiau ne viskas gerai. Netrukus pasaulis tai labai gerai supras

Pasiruoškite. Aš nebelauksiu ilgiau. Mano atėjimas tiesiog prie durų

Aš stoviu prie durų ir beldžiu. Įsileiskite Mane į savo širdį. Laikas keičiasi

Smėlio laikrodyje mažėja

Išeikite iš savo komforto zonos ir klaupkitės ant savo kelių. Atgailaukite už savo nuodėmes. Atiduokite savo gyvenimą Man, ir Aš apvalysiu, paruošiu jus. Aš trokštu tai padaryti. Atskirkite save nuo pasaulio. Atitrūkite, išeikite. Jis yra miręs. Be Manęs jis neturės ateities. Jo nuopuolis atsisuka prieš Mane, ir jis ieško savo piktų kelių

1 Tesalonikiečiams 5:23 Pats ramybės Dievas iki galo jus tepašventina ir teišlaiko jūsų dvasią, sielą ir kūną nepeiktinus mūsų Viešpaties Jėzaus atėjimui

Ne, vaikai, jūs turite pasirinkti: arba jūs einate su juo, arba išeinate su Manimi

Tai jūsų pasirinkimas. Aš negaliu pasirinktl už jus. Aš galiu tik paprašyti, kad jūs eitumėte su Manimi

Aš noriu, kad jūs amžinai būtumėte Mano pusėje. Aš trokštu, kad jūs danguje susijungtumėte su Manimi. Bet tai jūsų pasirinkimas: pasiduoti Man ar likti nuošalyje

Aš laukiu jūsų sprendimo. Mano meilė kantri, bet netrukus Aš turėsiu išgelbėti Savo nuotaką. Šie žodžiai yra patikimi. Aš esu Dievas, kuris nemeluoja. Ateikite pas Mane, kol ne vėlu

Didysis "Aš esu", Jahushua.

31 SKYRIUS

LABAI NEDAUGELIS GARBINA MANE IR ATGAILAUJA

Taigi pradėkime vėl (2012 m. vasario 28). Mano brangūs vaikai, artėja Mano sugrįžimo valanda. Jums reikės pasiruošti. Jums reikės būti pasirengus. Ruoškitės

Aš noriu, kad jūs pasidengtumėte Mano Krauju

Pasaulis ritasi žemyn, Jis priėjo savo galą. Jis artėja prie savo paties nulemtos pabaigos. Jis virsta moraliniu puviniu. Jis tampa grynu blogiu. Jis užsikietinęs atsuka nugarą Dievui. Labai nedaugelis seka Manimi tuo būdu, kokio Aš pageidauju Savo vaikams. Labai nedaugelis krenta prie Mano kojų, garbina Mane ir atgailauja priešais Mane. Labai nedaugelis pasirengę be išlygų sekti paskui Mane, kur tik Aš noriu, kad jie eitų

Morkaus 8:34 Pasišaukęs vieną iš Savo mokinių, Jėzus prabilo: "Jei kas nori eiti paskui Mane, teišsižada pats savęs, teima savo kryžių ir teseka Manimi"

Labai daugelis yra pagauti pasaulio ir savo žemiškų užsiėmimų. Argi nežinote, kad šis pasaulis yra priešiškas Man? Aš neketinu daugiau toleruoti šio pasaulio

Aš neleisiu, kad tai vyktų. Netrukus Aš perkelsiu Savo nuotaką ir atskirsiu Savo vaikus į saugią vietą. Ji yra graži, ir Aš pasirengęs, kad ji ateitų į namus, kuriuos paruošiau jai danguje. Tai įvyks tikrai greitai, Mano vaikai. Jūs turite tai suprasti. Jūs turite pabusti šiai tiesai

Tiek daug snūduriuoja – miegančiųjų garsas. Jie tolsta nuo Manęs. Jie krenta į priešo rankas, ir netrukus jie, kaip netikėtai sugauti paukščiai, įkris į paukščių medžiotojo tinklą

Psalmės 124:7 Mūsų sielos ištrūko kaip paukštis iš medžiotojo tinklo. Tinklas sutrūko, ir mes pasprukome

Pabuskite šioms tiesoms, Mano vaikai. Pabuskite ir regėkite. Aš ateinu! Pabuskite prieš tai, kai būsite visiškai netikėtai užklupti ir visai atkrisite. Mano sugrįžimo valanda artėja, tačiau tiek daug vis dar miega – miegančiųjų garsas. Ši valanda nėra tam, kad būti netikėtai sučiuptiems. Jūs privalote pabusti! Netrukus priešas turės teisę į jus ten, kur jis nori, jei jūs neateinate pas Mane visiškai atsiduodami. Tai laikas būti rimtam su savo Dievu

Aš esu kantrus Dievas, bet Mano kantrybė greitai išseks. Aš daugiau nebetoleruosiu šio mirštančio pasaulio – mirštančio, kadangi aiškiai atmeta savo Dievą. Kiekvienas pasaulio kampelis atmetė Mane. Tai vienašališkas atmetimas

Pasaulis dabar apimtas blogio

Jis laikosi blogio, gyvena su blogiu. Jis keliasi daryti pikta, gulasi daryti pikta

Tik Mano nuotaka iš tiesų seka Mane. Tik ji yra ištikima. Tik ji išlaikė švarias savo rankas

Tik ji ieško Manęs ir išėjo iš pasaulio. Tik ji nesuteršė savo drabužių, dalyvaudama pasaulio reikaluose

Ji yra Mano šviesa tamsiame pasaulyje. Ji ryškiai šviečia tamsoje. Ji meta šviesos spindulį tamsiame pasaulyje. Pasaulio tamsa kasdien didėja

Netrukus ši šviesa bus užgesinta, kai Aš privalėsiu patraukti ją į saugią vietą

Tada pasaulis taps vis tamsesnis ir niūresnis. Tai tamsi valanda, Mano vaikai. Jūs privalote įeiti į Mano šviesą, kol dar turite galimybę. Liko mažai laiko

Laikas beveik baigiasi. Laikrodžio rodyklė yra ties vidurnakčiu

Nepriimkite šių žodžių atsainiai. Jie skirti jūsų naudai – išgelbėti jus nuo blogiausiojo, nuo to, kas ateina

Jono 8:12 Jėzus vėl prabilo: "Aš – pasaulio šviesa. Kas seka Manimi, nebevaikščios tamsoje, bet turės gyvenimo šviesą"

Mano vaikai, Aš myliu jus taip, kaip tik mylintis tėvas gali mylėti. Aš noriu, kad jūs ateitumėte į Mano glėbį, kur būsite saugūs. Tik per Mane atrasite saugumą ir per Mane būsite išgelbėti. Kito kelio nėra. Jei dėl atsakymų jūs pasukate į pasaulį, būsite suklaidinti žmogaus vadovavimo – žmogaus, kuris nieko nežino apie Mane ar apie Mano tiesą

Ši valanda artėja, Mano vaikai. Išeikite iš pasaulio. Nusiplaukite savo purvinas rankas, kurias sutepa pasaulis. Jis atitraukia jus nuo Manęs. Artinkitės prie Manęs

Savo žvilgsnį laikykite nukreiptą į Mane. Aš esu paskutinis išsigelbėjimas, ateinantis prieš pasauliui visiškai suyrant. Nepraraskite šio vienintelio tikrai saugaus išgelbėjimo

Jokūbo 4:8 Artinkitės prie Dievo, ir Jis artinsis prie jūsų. Nusiplaukite rankas, nusidėjėliai, nusivalykite širdis, dvejojantys

Pasiruoškite būti drauge su Mano nuotaka. Ateikite pas Mane visiškai atsiduodami. Padėkite savo gyvenimą prie Mano kojų. Parodykite Man savo ištikimybę, visą save. Aš nuvesiu jus į saugią vietą

Tai Mano pažadas jums – saugus perėjimas, išvadavimas iš to, kas ateina į žemę

Neatmeskite Mano pasiūlymo. Negyvenkite apgailestaudami dėl savo sprendimų. Aš ištikimas Savo Žodžiui. Aš galiu pristatyti jus į saugią vietą. Aš esu galingas Dievas, ištikimas, kad tai įvykdyčiau. Tenebus jūsų širdys sunerimusios

Bėkite į Mano gelbstintį glėbį

Jūsų ištikimas Dievas, Jahushua.

32 SKYRIUS

APIE MANO NUOTAKOS PERKĖLIMĄ Į SAUGIĄ VIETĄ

Mano dukra, pradėkime (2012 m. vasario 28). Vaikai, Aš esu jūsų Dievas. Aš esu Dievas, kuris labai rūpinasi jumis. Aš noriu jums paties geriausio

Dabar, Mano vaikai, Aš noriu, kad jūs išgirstumėte Mano žodžius. Klausykitės atidžiai. Pasaulis tuojau apvirs aukštyn kojomis. Greitai pasaulis apsisuks atvirkščiai

Daug kas atsitiks pasaulyje ir aplink jį, ir labai mažai tame bus gero. Aš patraukiu nuo pasaulio Savo globojančią ranką, nes jis maištavo prieš Mane. Jis eina priešinga kryptimi nei Mano širdis, Mano keliai, Mano tiesa

Jis bjaurisi Manimi. Aš tuojau leisiu šėtono šunims perimti pasaulį

Psalmės 22:16 Apspito mane šunys, nedorėlių gauja aplink mane. Jie pervėrė Mano rankas ir kojas

Šis įvykis beveik prisiartino. Mano vaikai, ateina tamsios dienos. Aš daugiau nebetoleruosiu blogio šiame pasaulyje. Aš tuojau patrauksiu Savo nuotaką į saugią vietą. Ji išeis labai greitai. Aš daugiau nebesitaikstysiu su šiuo pasauliu. Aš tuojau išspjausiu šį pasaulį. Blogis, pakeitęs šį pasaulį, dvokia Mano akivaizdoje. Aš nebegaliu daugiau žiūrėti į tai. Aš nebeleisiu Savo brangiesiems daugiau to toleruoti

Aš tuojau patrauksiu Savo bažnyčią į saugią vietą. Ši valanda sparčiai artėja

Kodėl jūs, vaikai, taip abejojate? Kur jūsų tikėjimas? Kodėl jūs tokie abejojantys? Tikite jūs ar ne, tai vistiek įvyks. Tai įvyks, Mano vaikai, kaip Mano Knygoje paskelbta, jog įvyks. Aš buvau teisingas visame Savo Žodyje. Savo Knygoje Aš aprašiau laikų pabaigą. Skaitykite Mano Žodį, susipažinkite su Mano Knyga

Skaitykite įdėmiai šį Žodį. Jūs pamatysite, kad tai tikrai laikų pabaiga ir arti yra Mano atėjimas

Vaikai, nustokite klausytis vieni kitų ir ateikite ieškoti Manęs. Nuoširdžiai ateikite pas Mane, ir Aš parodysiu jums tiesą. Aš trokštu apreikšti jums tiesą

Aš neklaidinu Savo vaikų. Bet jei jie nesirenka ieškoti Manęs, tuomet Aš negalėsiu apreikšti jiems tiesos. Jie ir toliau aklai leisis pražūties skersgatviais bei keliais

Ateikite pas Mane ir atraskite savo kelią. Aš nuvesiu jus į Savo tokį siaurą kelią

Nedaugelis tai atranda, Mano vaikai, nedaugelis to ieško. Nebūkite iš tos daugumos, kurie niekada neranda šio kelio. Tiek daug pasimetė šalikelėje, tiek daug plačiajame kelyje, grįstame pražūtimi

Mato 7:13 Įeikite pro ankštus vartus, nes erdvūs vartai ir platus kelias veda į pražūtį, ir daug yra juo įeinančių

Atsitokėkite, Mano vaikai, supraskite. Atkakliai ieškokite Manęs. Tai laikas atsigaivinti, atsigauti Manyje. Nėra kitų kelių į laisvę ir amžiną gyvenimą

Dabar yra laikas, dabar! Bėkite į Mano laukiantį glėbį. Nedvejokite

Neryžtingumas bus jūsų pabaiga ir tikra mirtis. Aš noriu išgelbėti jus. Paveskite Man visą save. Atiduokite Man kiekvieną savo dalelę. Aš noriu viso to. Dalinio atsidavimo nepakanka

Ateikite pas Mane ir atsisakykite savo gyvenimo. Aš priimsiu tai ir išaukštinsiu jus dėl Savojo tikslo – tarnauti Man ir per amžius mėgautis dangumi. Jeremijo 30:19 Iš jų skambės padėkos giesmės ir linksmas klegesys. Aš padauginsiu juos, nebebus jų keletas. Aš pašlovinsiu juos, nebebus jie niekinami

126

Ši valanda baigiasi. Mano priešas ruošia sau kelią į sceną. Greitai jūs nebegalėsite paneigti valandos, kurioje gyvenate, bet tuomet gali būti per vėlu išsigelbėti, ir jūs prarasite galimybę išsigelbėti. Mano vaikai, Aš mėginu pažadinti jus ir įvesti į tiesą. Ką turėčiau padaryti, kad atkreipti jūsų dėmesį? Jei jūs delsite ateiti pas Mane, būsite palikti. Aš būsiu priverstas palikti jus. Neleiskite tam nutikti

Atgaila, paklusnumas ir artumas – štai Mano troškimas, štai ko Aš reikalauju iš jūsų. Šie reikalavimai yra tam, kad būtumėte priimti į Mano Karalystę. Argi tai nesakoma Mano Knygoje? Ateikite dabar, kol dar nevėlu. Ateikite, ir Aš apvalysiu jus Savo Krauju, ir jūs būsite paruošti stoti Mano akivaizdon, ir būsite priimti į Mano Karalystę, į Mano amžino grožio Karalystę

Apreiškimo 1:5 ...ir nuo Jėzaus Kristaus, ištikimojo Liudytojo, mirusiųjų Pirmagimio, žemės karalių Valdovo. Tam, kuris pamilo mus ir nuplovė Savo krauju mūsų nuodėmes

Laikas senka. Nebegaiškite nei minutės šiame pasaulyje

Tai kalba jūsų Viešpats ir Karalius, didis ir galingas, amžinas Autoritetas, Viešpats Jahushua.

33 SKYRIUS

AŠ NORIU PIRMOSIOS VIETOS ARBA JOKIOS

Pradėkime (2012 m. kovo 1). Vaikai, tai jūsų Viešpats. Aš turiu naują žodį, kuriuo noriu atkreipti jūsų dėmesį. Mano vaikai, naujasis amžius žemėje risis vis žemyn. Jis paženklintas blogio: blogi žmonės, blogi laikai. Jūs turite pasiruošti iškeliauti su Manimi. Aš noriu, kad jūs pasiruoštumėte. Man reikia patraukti Savo nuotaką iš šio pikto pasaulio ir paslėpti ją saugioje vietoje

Aš nebegaliu ilgiau jos laikyti šiame pasaulyje, kadangi netrukus šis pasaulis taps labai grėsmingas ir nejautrus. Ji turi būti patalpinta saugioje vietoje. Tuomet pasaulis išlies savo pyktį ant tų, kurie lieka užnugaryje

Netrukus tai įvyks. Netgi dabar vienu metu visais frontais kyla uraganas, sukelsiantis tikrą žlugimo audrą, teroro bangą, kuri netrukus sukrės visą žmoniją, besirenkančią prieš Mane

Aš turiu būti pirmasis jūsų gyvenime. Tam kad jūs galėtumėte išvengti šio siaubo, Aš turiu užimti pirmąją vietą. Aš nesu Dievas, kuris norėtų matyti kenčiančius Savo vaikus, bet jei jūs atsisakote labiau vertinti Mane, jei stabai turi daugiau vietos jūsų širdyse nei Aš, tuomet greitai sužinosite, ką reiškia atstumti savo Dievą, savo Kūrėją

Aš nesu Dievas, su kuriuo galima būtų žaisti. Aš noriu pirmosios vietos arba jokios. Man nerūpi būti antroje ar trečioje vietoje jūsų prioritetų sąrašuose. Aš sukūriau jus iš Savo malonės, kad garbinti, šlovinti ir pažinti Mane. Aš trokštu artimai susisieti su jumis, kad turėtumėte glaudų ryšį su Manimi

Jei nesirenkate tokiu būdu pažinti Mane, tuomet galite turėti savo kelią, tuomet mes galime išsiskirti ir jūs galite turėti bendrystę su Mano priešu jo amžinoje paskirties vietoje. Aš esu pavydus Dievas. Aš nesukūriau jūsų tam, kad dalintis jus su Savo priešu

Pakartoto Įstatymo 32:16 Svetimais dievais ir bjaurystėmis jie sukėlė Viešpaties rūstybę

Arba jūs norite būti išskirtinai Mano, arba galite eiti plačiuoju žlugimo keliu, kuriuo jau nuėjo daugelis kitų. Labai nedaugelis nori išgirsti Mane labiau nei visų savo žemiškų siekių

Kur Aš esu jūsų gyvenime? Ar Aš nesu vertas pirmos vietos pozicijos jūsų širdyje? Mano vaikai, dėl jūsų Aš miriau baisia, skausminga mirtimi. Aš sukūriau jus ir duodu jums gyvenimą. Aš kiekvieną dieną išlaikau jus. Mano vaikai, netrukus jums reikės apsispręsti

Ar norite Mano taikos, ramybės ir meilės? Ar norite Mano užtikrinimo būti perkeltiems iš greitai yrančio pasaulio į saugią vietą? Dabar laikas apsispręsti, ką rinksitės daryti. Kaip priimsite savo Dievą – su meile ir atsidavimu ar su drungnu abejingumu? Filipiečiams 2:8 Ir išore tapęs kaip žmogus, Jis nusižemino, tapdamas paklusnus iki mirties, iki kryžiaus mirties

Man reikia jūsų apsisprendimo. Ar esate pasiruošę dėl Manęs mirti sau ir visiškai atsiduoti Man? Aš laukiu jūsų atsakymo į Mano pasiūlymą su nuolankia atgaila ateiti pas Mane prašyti Manęs atleisti jūsų nuodėmes ir padengti jus Savo Krauju. Tik per Mano Kraują jūs galite būti išgelbėti, tik per auką ant kryžiaus

Jei priimate šią Mano atperkančio Kraujo dovaną, nuoširdžiai atgailaujate dėl savo nuodėmių; padedate savo gyvenimą priešais Mane; nedvejodami sekate Mane; Aš galiu apsukti jūsų gyvenimą, apvalyti jus ir paruošti Savo Karalystei. Pasiruoškite susitikti su Manimi

Rimtai apgalvokite šį pasiūlymą. Vaikai, jūs galite tik laukti taip ilgai

Laukimas, norint pamatyti, kas atsitiks, ir šio sprendimo vengimas gali sąlygoti praradimą viso to, ką Aš turiu paruošęs jums būsimame gyvenime. Nebūkite kvaili, atsitokėkite.

Pasiruoškite, būkite pasiruošę. Aš noriu, kad jūs būtumėte išgelbėti nuo priešakyje laukiančio siaubo

Aš meldžiuosi už jus. Aš meldžiuosi Savo Tėvui jūsų vardu. Vaikai, ši valanda senka. Aš noriu, kad jūs apsispręstumėte. AŠ ATEISIU SAVO NUOTAKOS! Nepraleiskite šio galingo Dievo judėjimo. Nepraleiskite viso to, ką Aš turiu jums

Aš esu ištikimas Savo Žodžiui. AŠ NUGALĖSIU IR MANO BAŽNYČIA NUGALĖS! Taigi jūs privalote būti atidūs Mano žodžiams

Aš esu didysis "Aš esu". Aš esu Viešpats Jahushua, ištikimas įvykdyti.

34 SKYRIUS

ATEINA VARGAS – DIDYSIS VARGAS

Pradėkime (2012 m. kovo 2). Mano vaikai, tai Aš, jūsų Viešpats. Aš turiu jums duoti naują žodį. Vaikai, tai rimta valanda. Daug sielvarto ateina į pasaulį. Bus daug pavojų ir liūdesio. Šie vargai jau prasidėjo. Nuodėmė siaučia žmonių tarpe

Vis dėlto nenusivilkite – Aš nugalėjau pasaulį. Aš ateinu perkelti Savo nuotaką į saugią vietą. Ji graži ir miela pažiūrėti. Ji laukia Mano sugrįžimo, greito Mano sugrįžimo. Savo žvilgsnį ji nukreipia į Mane. Aš iš visos širdies myliu ją. Savo žvilgsniu apglebiu ją. Aš stebiu kiekvieną jos judesį. Ji niekada nepalieka Mano regėjimo lauko

Netrukus ji su Manimi bus Mano danguje, paslėpta saugioje vietoje; tuo tarpu pasaulis, kurį ji palieka, sutrūkinės per siūles

Jono 16:33 Aš jums tai kalbėjau, kad Manyje turėtumėte ramybę. Pasaulyje jūs turėsite priespaudą, bet būkite drąsūs: Aš nugalėjau pasaulį! Šis įvykis rutuliojasi dabar, vaikai. Ateina vargas – didysis vargas. Nieko panašaus niekada anksčiau pasaulis nematė. Jūs visi atrodote pernelyg nusiraminę dėl Mano įspėjimų, Mano ženklų, Mano Knygos

Ar nesuprantate, kad vargas ateina į žemę? Tai ateina, ir joks žmogus negali to sustabdyti. Tai kyla iš pasaulio, kuris palieka savo Dievą, atmeta savo Dievą. Šis pasaulis nepaiso Manęs ir Mano kelių. Taigi Aš turiu patraukti Savo saugančią ranką ir pasitraukti su Savo nuotaka. Greitai pasaulis supras, ką reiškia tikras teroras

1 Jono 4:1-8 Mylimieji, ne kiekviena dvasia tikėkite, bet ištirkite dvasias, ar jos iš Dievo, nes pasaulyje pasklido daug netikrų pranašų. Iš to pažinsite Dievo Dvasią: kiekviena dvasia, kuri išpažįsta Jėzų Kristų atėjusį kūne, yra iš Dievo, ir kiekviena dvasia, kuri neišpažįsta Jėzaus Kristaus atėjusio kūne, nėra iš

Dievo. Tokia – iš antikristo, apie kurį girdėjote, kad jis ateisiąs. Jis jau dabar yra pasaulyje. Jūs esate iš Dievo, vaikeliai, ir nugalėjote juos, nes Tas, kuris jumyse, didesnis už tą, kuris pasaulyje. Jie yra iš pasaulio, todėl kalba kaip iš pasaulio, ir pasaulis jų klauso. Mes esame iš Dievo. Kas pažįsta Dievą, tas mūsų klauso, o kas ne iš Dievo – mūsų neklauso. Iš to pažįstame tiesos Dvasią ir klaidos dvasią. Mylimieji, mylėkime vieni kitus, nes meilė yra iš Dievo. Kiekvienas, kuris myli, yra gimęs iš Dievo ir pažįsta Dievą. Kas nemyli, tas nepažįsta Dievo, nes Dievas yra meilė

Aš nemeluosiu jums, vaikai, – Aš esu Dievas. Šis pasaulis nebus ta vieta, kur jūs norėtumėte likti pamatyti šio įvykio pasekmes. Jei norėsite pasilikti su Manimi, jūs neišgyvensite tame, kas ateina. Visi, kurie po Mano nuotakos perkėlimo išpažins Mane, mirs dėl savo tikėjimo. Tai bus sunkus laikas Mano vaikams

Nebūkite kvaili, mąstydami priešingai

2 Timotiejui 3:12 Taip ir visi, kurie trokšta dievotai gyventi Kristuje Jėzuje, bus persekiojami

Iš Manęs nepasišaipysi. Šis pasaulis nebegali tęsti ta pačia kryptimi ir manyti, jog nėra pasekmių. Aš pavargau saugoti ir rūpintis pasauliu, kuris nekenčia Manęs ir juokiasi iš Manęs. Šis laikotarpis tuojau baigsis. Netrukus Aš leisiu pasauliui turėti savo kelią – pasaulį be jo Dievo, kuris sulaiko blogį, greitai užgriūsiantį jį. Pasaulis nevertina Manęs, kaip savo Dievo, todėl Aš leisiu jam turėti savo didįjį troškimą – veikti pačiam, be Švento Dievo, jų dieviško kompaso. Tuomet pasaulis sužinos, kaip svarbu gerbti Mano nuostatus bei įstatymus ir sekti Mano amžinaisiais keliais

Pasaulį be apribojimų – štai ką matys Mano paliktieji vaikai. Tai bus baisus laikas žmonijai. Nepasilikite nuošalyje. Dabar ateikite pas Mane. Nelaukite

Nusiplaukite Mano Krauju ir Mano Žodžiu. Kaskitės giliai į Mano Žodžio puslapius

Atgailaukite ir atiduokite savo gyvenimą Man. Leiskite Man išgelbėti jus nuo to, kas ateina. Aš pasirengęs. Laikas yra trumpas. Skubėkite. Laikas bėgti į Mano glėbį. Mano meilė laukia jūsų

Leiskite Man išgelbėti jus nuo blogiausio. Ateikite po Mano padengiančiu Krauju, kur yra saugu. Aš labai noriu išgelbėti

Šie žodžiai yra teisingi ir tikri

Tai jūsų Viešpats, Jahushua, pajėgus išgelbėti.

35 SKYRIUS

NĖRA JOKIOS NAUDOS VAIKYTIS MIRŠTANTĮ PASAULĮ

Pradėkime vėl. Vaikai, tai jūsų Viešpats, kalbantis jums: Mano vaikai, Aš ateinu labai greitu laiku, tad nepraraskite drąsos. Baigiasi laikas šiam pasauliui sutvarkyti reikalus su Manimi. Greitai tie, kurie atsisako per atgailą ir visišką paklusnumą susitaikyti su Manimi, patirs pasekmes

Mano priešininkas ištroškęs kraujo ir yra negailestingas. Pasaulis pažins terorą, kokio niekada anksčiau nėra patyręs. Ši valanda sparčiai artėja

Aš daugiau nebesipriešinsiu šiam piktam, užkietėjusiam pasauliui. Aš mačiau ir girdėjau pakankamai. Tai pasaulis, kuris atmeta savo Dievą ir atsisako Mano kelių bei Mano tiesos

Jokūbo 4:4 Paleistuviai ir paleistuvės! Ar nežinote, kad draugystė su pasauliu yra priešiškumas Dievui? Taigi, kas nori būti pasaulio bičiulis, tas tampa Dievo priešu

Vaikai, jūs esate vedami aklųjų, jei ir toliau be tikslo bėgate paskui pasaulį. Nėra jokios naudos vaikytis mirštantį pasaulį, kuris neturi moralinio kompaso. Turite tai įsisąmoninti dabar. Stokite į kovą už tiesą

Nėra jokios vilties šiam negyvam, mirštančiam pasauliui, kuris atmeta savo Kūrėją. Jūs turite būti dėmesingi. Atmerkite savo akis. Jūs klaidingai vedami nuo Mano siauro kelio

Vaikai, nedaugelis atranda šį kelią. Prasiblaivykite! Išvalykite savo akių turinį ir nulupkite žvynus nuo jų. Ateikite pas Mane dvasinių akių. Leiskite Man atvirai kalbėti jums tiesą

Liaukitės žaidę su priešu, tarytum visa tai būtų nekaltas žaidimas. Jis yra mirtinas, pasiruošęs smogti jums, kai mažiausiai to tikitės. Be Manęs jūs neprilygstate jam

Jūs turite priartėti prie Manęs tam, kad būtumėte apsaugoti. Tik būdami arti Manęs, jūs esate saugūs. Tik pasilikdami Mano Knygoje ir turėdami artimus santykius su Manimi, jūs išgyvensite. Ar suprantate šitai? Jei einate vieni, jūs to neturėsite

Neapsigaukite. Nebūkite kvaili. Žmogaus širdis apgauta labiau už visa kita. Mano priešas yra labai klastingas jūsų atžvilgiu. Štai kodėl jūs galite tai padaryti tik turėdami artimus santykius su Manimi. Jei esate arti Manęs, iš tikrųjų arti, – priešas nenori prisiartinti prie Manęs. Tamsa negali būti šviesa

Taigi atsisakykite savo planų bei savo gyvenimo ir atiduokite juos Man. Leiskite Man paimti juos ir jūsų pelenus paversti grožiu. Leiskite Man parodyti jums Savo tobulą valią jūsų gyvenimui. Aš galiu tai padaryti. Aš pasirengęs. Mano troškimas, kad savo gyvenime jūs būtumėte Mano valioje. Mano troškimas – nuplauti jus Savo Krauju ir paimti arčiau Savęs. Taip, kaip motina myli savo vaiką, taip Aš trokštu rūpintis jumis

Izaijo 66:13 Kaip motina paguodžia kūdikį, taip Aš paguosiu jus; Jeruzalėje jūs būsite paguosti

Mato 23:37 Jeruzale, Jeruzale! Tu žudai pranašus ir užmėtai akmenimis tuos, kurie pas tave siųsti. Kiek kartų norėjau surinkti tavo vaikus, kaip višta surenka savo viščiukus po sparnais, o tu nenorėjai! Vaikai, artėja Mano greito sugrįžimo valanda. Jūs nelaukiate. Jūs būsite palikti

Aš ateinu tik dėl Savo vaikų, kuriems rūpi laukti, kurie trokšta asmeniškai ieškoti Manęs. Tai tie, dėl kurių Aš ateinu. Visi kiti, deja, bus palikti. Daugelis iš jų net bus Prarasti, staiga užklupus sunaikinimui

Tai rimta valanda ir tai rimti įspėjimai. Skaitykite Mano Knygą, atsiverskite jos puslapius. Melskite, kad Mano Dvasia vestų jus į visą tiesą

Laikas senka. Nepraleiskite daugiau nei minutės vaikydamiesi pasaulį, kuris nekenčia Manęs, savo Dievo. Jūs judate lemtinga kryptimi. Atsitokėkite. Ieškokite Manęs, ieškokite Mano Dvasios, ieškokite Mano Tėvo, ieškokite Mūsų – Mes esame viena, ir Mes trokštame išgelbėti jus

Atėjo Mano greito atvykimo valanda. Nepraraskite Mano išgelbėjimo

Tai jūsų Viešpats Jahushua, kuris švelniai myli jus.

36 SKYRIUS

DAUGELIS TŲ, KURIE MANO, JOG YRA PASIRUOŠĘ, APGAUDINĖJA SAVE

Pradėkime, Mano dukra (2012 m. kovo 4). Atidžiai klausykis, kai duodu tau naują žodį. Mano vaike, tai tavo Viešpats. Prašau, užsirašyk šluos žodžius. Artėja Mano sugrįžimo valanda, tačiau daugelis vis dar nelaukia, daugelis užmerkia savo akis ir atsisako klausytis protu. Mano sugrįžimo valanda greitai ateina. Vaikai, jūs turite būti pasiruošę. Jūs privalote pasiruošti

Būkite budrūs ir laukite. Svarbu būti pasirengus. Tik tie, kurie laukia, bus paimti. Tik tie, kuriems rūpi žinoti apie Mano sugrįžimą, gali būti pasiruošę

Tie, kuriems nerūpi ir kurie tvirtai nesilaiko Mano Dvasios, bus palikti susidurti su blogiausiuoju

Daugelis bus nustebinti, jog yra palikti. Daugelis bus išsigandę, kad nebuvo paimti, todėl daugelis, kurie mano, jog yra pasiruošę, apgaudinėja save. Jie toli gražu nėra pasiruošę. Jie prisirišę prie pasaulio dalykų. Jie turi savo nuomonę apie kitus dalykus. Jiems nerūpi laukti Mano atėjimo. Jie susirūpinę savimi ir pasaulio dalykais

Jie nepraleidžia laiko su Manimi. Jie nelaukia Manęs

Jie tyčiojasi ir persekioja tuos, kurie tai daro, tačiau jie, manydami, jog pažįsta Mane, bus apstulbinti, kad yra palikti. Jie visiškai nepažįsta Manęs

Jie tik galvoja, kad pažįsta Mane. Jų širdys nutolusios nuo Manęs. Jie niekada neateina pas Mane į slaptą vietą. Jie siekia pasaulio dalykų. Jų akys nėra suinteresuotos stebėti Mane. Jie mėgsta tvarkyti ir būti sąlytyje su pasaulio dalykais

Jie planuoja toli į ateitį. Jie kuria planus, kurie niekada neįvyks. Jie niekada nepaklausia Manęs apie tuos planus. Jei tai darytų, Aš pasakyčiau jiems sutelkti dėmesį į Mane, eiti greta Manęs, palikti savo planus ir atiduoti juos Man. Štai ko Aš noriu: visiško atsidavimo, kad jūsų planai būtų padėti prie Mano kojų, kad Man atiduotumėte visą save, netgi savo gyvenimą ir savo ateities planus

Tik Aš žinau, kas bus ateityje. Visi bet kieno kuriami planai gali per akimirką subyrėti. Kodėl gi neleidus Man į vietas sudėlioti Mano planus jūsų gyvenime? Mano vaikai, Aš žinau, kas jums geriausia. Aš žinau nuo pradžios iki pabaigos. Aš esu Alfa ir Omega

Apreiškimo 22:13 Aš esu Alfa ir Omega, Pradžia ir Pabaiga, Pirmasis ir Paskutinysis

Aš esu saulės, mėnulio ir žvaigždžių Sutvėrėjas. Ar jūs nemanote, jog Aš galiu pasirūpinti jumis ir jūsų ateities planais? Aš galiu nuvesti jus į Savo Karalystę, jei tik Man pavesite savo gyvenimą. Aš galiu įvesti jus į ramybę ir saugumą, išsivesti jus į saugią vietą. Jūs galite gyventi ramybėje, žinodami, kad Mano planai jūsų gyvenimui yra tobuli, ir Aš esu galingas tai įvykdyti

Jūs galite turėti šį saugumą, jei savo gyvenime esate Mano tobuloje valioje. Jei esate Mano, jums nereikia jaudintis dėl rytdienos. Supraskite, kad jūsų pačių keliai bei planai nuves jus į pražūtį

Visą save atiduokite Man ir įeikite į Mano valią, Mano tobulą valią. Leiskite Tam, kuris viską žino nuo pradžios iki galo, pasirūpinti jumis. Aš esu jūsų amžinasis Dievas. Aš nuvesiu jus į Savo amžiną Karalystę. Tai jūsų dalis – prašyti

Apreiškimo 21:6 Ir Jis pasakė man: "Įvyko! Aš esu Alfa ir Omega, Pradžia ir Pabaiga

Trokštančiam Aš duosiu dovanai gerti iš gyvenimo vandens šaltinio"

Atsiduokite, atgailaukite ir padarykite Mane savuoju. Pažinkite Mane. Aš su jumis pasidalinsiu tuo, kas Mano širdyje. Aš trokštu vaikščioti su jumis – jūs niekuomet nebūsite vieni. Taigi dabar laikas atsiduoti. Ši valanda. Šis laikas. Rinkitės išmintingai

Yra tiek daug kelių. Tik vienas yra teisingas, tik vienas kelias yra tiesus

Pažinkite Mane, ir Aš vesiu jus tiesiu keliu. Tai Mano troškimas – vesti jus ir vadovauti jums

Hebrajams 12:13 ...ir ištiesinkite takus po savo kojomis, kad, kas luoša, neišnirtų, bet verčiau sugytų

Netrukus laikrodis išmuš vidurnaktį. Bėkite į Mano glėbį – saugų glėbį. Leiskite Man išgelbėti jus. Rinkitės skubiai. Man skaudu ką nors palikti, tačiau tai yra jų pasirinkimas

Nesivaržykite priimti Mano meilę

Nežmoniškos meilės Dievas Jahushua

1   Jono 4:16 Mes pažinome ir įtikėjome meilę, kuria Dievas mus myli. Dievas yra meilė, ir kas pasilieka meilėje, tas pasilieka Dieve, ir Dievas jame.

37 SKYRIUS

JUMS LIKO LABAI MAŽAI LAIKO

Pradėkime. Aš jums duosiu daugiau žodžių. Vaikai, tai Aš, jūsų Viešpats, ir Aš turiu jums ką pasakyti

Laikas bėga greitai. Nedaug šviesos liko dienoje. Jums reikia pasiruošti, būti pasiruošus, nes Mano atėjimas arti. Tai eina į pabaigą

Nedaugelis yra pasiruošę ir laukia. Nedaugeliui rūpi būti pasiruošusiems

Daugelis renkasi ignoruoti Mano įspėjimus. Daugelis yra nusiraminę dėl to, kas ateina. Ši valanda baigiasi

Aš noriu, kad jūs būtumėte budrūs ir stovėtumėte ant savo kojų. Jei ne, būsite sugauti sargybinių. Jei nebudėsite, negalėsite matyti to, kas ateina. Tik tie, kurie budi, bus pasiruošę. Tuomet vien tik tie bus pasiruošę, nes jie budi. Kaip jūs galite būti pasiruošę, jei nebudite? Tik tie, kurie paruošti bei pasirengę, išvyks. Visi kiti trumpam prieis su savo puspilniais aliejaus žibintais

Mato 25:7-10 Tada visos mergaitės atsikėlė ir taisėsi žibintus. Kvailosios prašė protingųjų: "Duokite mums savo aliejaus, nes mūsų žibintai gęsta!" Protingosios atsakė: "Kad kartais nepristigtų ir mums, ir jums, verčiau eikite pas pardavėjus ir nusipirkite"

Joms beeinant pirkti, atėjo jaunikis. Kurios buvo pasiruošusios, įėjo kartu su Juo į vestuves, ir durys buvo uždarytos

Mano vaikai, ne laikas snūduriuoti. Ne laikas miegoti

Aš ateinu paimti ne tų, kurie pakankamai ilgai laukdami Manęs, neišlieka budrūs. Tie, kurie Man ateinant miegos, bus pažadinti į žemę ateinančio gyvenimo košmaro. Koks išties baisus laikas Mano miegančiai bažnyčiai

Hebrajams 9:28 ...taip ir Kristus, vieną kartą paaukotas, kad pasiimtų daugelio nuodėmes, antrą kartą pasirodys be nuodėmės Jo laukiančiųjų išgelbėjimui

Mano vaikai giliai įmigę, ir jei jie greitai nepabus, atsidurs Mano priešo rankose. Jis yra kietaširdis, negailestingas ir niekuo nesirūpina. Jo galvoje tik vienas dalykas – galia ir kontrolė. Jis valdys geležiniu kumščiu. Aš negaliu pakankamai įtikinti jūsų dėl to, kokie sunkumai ateina. Tai sunki valanda, ir sunkūs dalykai ateina į žemę

Man nesmagu jums kalbėti šiuos dalykus. Aš tik noriu įspėti jus dėl to, kas ateina, nes nenoriu, kad jūs kentėtumėte naikinimo metu, kuris netrukus ištiks žemę

Atsitokėkite, Mano vaikai. Pabuskite iš miego, pašalinkite savo aklumą

Skubiai ateikite pas Mane. Jums liko labai mažai laiko. Jūs privalote skubiai bėgti pas Mane. Aš noriu išgelbėti jus nuo blogiausio

Nebūkite užklupti artėjančios audros. Labai nedaugelis išeis su Manimi, kai Aš perkelsiu Savo nuotaką. Labai nedaugelis pasirinko laukti Manęs ir pasiruošti, nusiplaunant Mano Žodžiu ir apsivalant Mano Krauju. Nėra kitų sprendimų. Nėra kito kelio

Efeziečiams 5:25-27 Jūs, vyrai, mylėkite savo žmonas, kaip ir Kristus pamilo bažnyčią ir atidavė už ją Save, kad pašventintų ją, apvalydamas vandens nuplovimu ir žodžiu, kad pristatytų Sau šlovingą bažnyčią, neturinčią dėmės nei raukšlės, nei nieko tokio, bet šventą ir nesuteptą

Atsiduokite šiai valandai. Aš pasirengęs priimti jus. Aš noriu, kad ateitumėte pas Mane ir būtumėte išgelbėti. Aš pridengsiu jus ir apsaugosiu nuo artėjančio siaubo

Išgelbėkite save ir ateikite pas Mane. Aš esu vienintelis išgelbėjimas – nėra kitų. Man atiduokite savo širdį ir savo gyvenimą, visiškai atsiduodami. Jūs būsite paruošti, parengti Mano Šventosios Dvasios darbu. Leiskite Jai pripildyti jus, ir jūs išvysite tiesą, Mano tiesą

Aš pasiruošęs įvesti jus į Savo Karalystę. Ar jūs einate? Tai jūsų Viešpats Jahushua. Aš esu kantrus ir kantriai laukiantis jūsų sprendimo

Rinkitės Mane, ir būkite išgelbėti!

38 SKYRIUS

MANO TIKRIEJI PASEKĖJAI BUDI, JIE YRA SARGYBOJE

Pradėkime, dukra. Mano dukra, Aš pasiruošęs duoti tau naujus žodžius. Vaikai, tai kalba jūsų Viešpats. Mano sugrįžimo valanda artėja, o Mano vaikai miega, ramiai miega. Jie ir toliau snaudžia, visiškai pamiršę, kas vyksta aplink juos. Jie net nelaukia

Be abejonės jie yra akli ir nelaiko nukreipę savo žvilgsnio į Mane

Aš ateisiu kaip vagis naktį. Daugelis bus netikėtai užklupti. Ar to nesako Mano Žodis? Jei taip, tai kodėl tiek daug ignoruoja šį įspėjimą? Kodėl jie atsisako budėti ir atkreipti dėmesį? Aš noriu jiems geriausio, o jie laiko Mane paskutinėje vietoje

Jei Mano vaikai laikytųsi arčiau Manęs, žinotų, jog reikia budėti, stebėti ir laukti Manęs, jie suvoktų juos supantį pasaulį ir kad pasaulis iš visų pusių aiškiai atmeta Mane

Mano tikrieji pasekėjai budi. Jie yra sargyboje. Jie pridėję savo ausis prie žemės ir klausosi Mano kojų žingsnių. Jie stebi kiekvieną Mano judesį ir girdi Mano balsą

Aš ateinu, ir tai nėra paslaptis tiems, kurie su viltimi laukia Manęs. Šie vaikai yra kantrūs, tačiau susirūpinę. Tai tikroji Mano bažnyčia, Mano nuotaka. Ji stulbinanti, ir jos entuziazmas dėl Mano sugrįžimo žavi Mane. Man patinka jos užsidegimas, kai ji laukia Manęs. Štai dėl ko Aš miriau – dėl Savo ištikimų pasekėjų, kurie patys miršta dėl Manęs

Luko 12:37 Palaiminti tie tarnai, kuriuos sugrįžęs šeimininkas ras budinčius. Iš tiesų sakau jums: jis susijuos, susodins juos prie stalo ir priėjęs patarnaus jiems

Jie padėjo savo gyvenimus prie Mano kojų ir dėl savo Viešpaties atsisakė pasaulio ir pasaulietiškų dalykų. Dėl to Aš

143

esu labai dėkingas, ir atpildas šiai nuostabiai Mano bažnyčiai niekada nesibaigs

Mano nuotaka, tu gali būti šios bažnyčios dalimi. Tu gali būti pasiruošusi eiti, kai mes kartu išvyksime į rūmus Mano danguje, kuriuos Aš paruošiau. Vis dėlto yra likę labai mažai laiko, todėl būk budri, sekdama paskui Mane

Aš ieškau visiško paklusnumo. Prašau visiško atsidavimo. Atsisakyk savo gyvenimo dėl Manęs, visoje jo pilnatvėje, nieko nepalikdama už savęs. Aš noriu viso tavo gyvenimo. Aš pakeisiu jį į naują gyvenimą Manyje. Aš noriu suteikti tau naują gyvenimą. Aš noriu švariai nuplauti tave Savo Krauju; įkurdinti tave Savo Karalystėje; duoti tau vietą tarp Savo vaikų, kurie tarnaus Man amžinybėje ir valdys bei viešpataus amžinai su Manimi, šalia Manęs

Tai Mano nuotaka. Ji graži. Paruošti žmonės, kurie yra pasirengę, budi ir laukia savo Karaliaus. Aš ateinu išgelbėti šitų vaikų, išvesti juos į laisvę bei saugią vietą, tolyn nuo žemę apėmusių nelaimių. Jie yra Mano nugalėtojai. Tu gali būti jų tarpe

Mano vaikai, Aš laukiu jūsų, kad prisijungtumėte prie Mano vestuvių pokylio, taptumėte Mano Karalystės dalimi. Aš laikau jums vietą prie Savo vestuvių pokylio stalo. Ten jums paruošta vieta, tačiau jūs turite ateiti ir pareikalauti jos, kaip savo aukščiausio įvertinimo

Aš nelaikysiu amžinai atvirų durų. Netrukus Aš išsivesiu Savo vaikus, kurie pasiruošę šiam saugiam perėjimui, ir po to jos bus uždarytos, aplenkiant tuos, kurie atmeta Mano kvietimą ateiti, kad jie susidurtų su blogiausiuoju. Kokia liūdna diena tiems, kurie atmeta Mano pasiūlymą saugoti ir išgelbėti. Tą dieną suvokimas to, kas įvyko ir ką jie praleido, bus sukrečiantis. Tuomet realybė parodys, ką jie prarado ir su kuo turės susidurti. Ten bus daug apgailestavimo. Ten bus daug raudų ir dejonių, kai Mano drungnoji bažnyčia susitaikys su savo liūdnais pasirinkimais, atmetus ir ignoruojant daugybę Mano įspėjimų

Taip, jų netektys bus milžiniškos, ir didelis jų sielvartas. Vaikai, tai neturi nutikti jums. Jūs neturite būti palikti išvysti žemę apgaubusią tamsą. Ateikite pas Mane visiškai atsiduodami, visiškai atgailaudami bei nuoširdžiai gailėdamiesi dėl savo nuodėmių ir su nuoširdžiu troškimu iš visos širdies sekti Mane

Aš pakeisiu jūsų širdį ir Savo Krauju švariai nuplausiu jūsų nuodėmių dėmes

Jūs stovėsite priešais Mane paruošti ir pasiryžę prisijungti prie Mano didžiojo vestuvių pokylio

Tai Mano širdies troškimas, kad jūs sugrįžtumėte pas Mane. Aš esu jūsų Tėvas, jūsų Kūrėjas. Aš trokštu, kad jūs ateitumėte pas Mane, kad Aš galėčiau padaryti jus Savo sūnumis ir dukterimis. Tai jūsų šansas pasielgti teisingai su Manimi. Leiskite mums amžinai gyventi drauge. Aš laukiu jūsų sprendimo

Aš esu jūsų Viešpats. Aš esu jūsų Karalius. Aš esu jūsų Dievas Jahushua.

39 SKYRIUS

MANO LIUDIJIMAS APIE ŠĮ DOKUMENTĄ IR MANO PASNINKĄ

Viešpats pakvietė mane eiti į nuošalią vietą maldai ir 40-ties dienų pasninkui su vandeniu. Praėjus dviems savaitėms, aš kiekvieną dieną priimdavau komuniją, o šiek tiek vėliau kasdien išgerdavau pusę stiklinės sulčių. Šis pasninkas, aš manau, buvo sunkiausias dalykas, kokį turėjau per visą savo gyvenimą

Viešpats įvedė mane į šį pasninką, kad mirčiau sau, – ką aš ir padariau. Jis taip pat davė man daugybę žodžių, kuriuos aš bandžiau tiksliai užrašyti, kad skaitytų kiti

Dokumentą pasninko dienomis (nuo 2012 m. sausio 27 d. iki kovo 6 d.) man padiktavo Viešpats. (Atkreipkite dėmesį, kad daugelyje asmeniškai man Viešpaties padiktuotų laiškų nebuvo atskirai nurodyta data, nes pasninkas man buvo toks sunkus, kad Aš nenorėjau sutelkti dėmesio į datą ar į tai, kaip lėtai, rodos, eina pasninko dienos.) Pasninko metu Viešpats man pasakė prašyti "dangiškos duonos" bet kuriuo metu, kai norėsiu, kad ji padėtų man numalšinti alkio kančias. Taigi aš prašiau jos, kai pajusdavau alkio kančias arba bet kokias kančias, susijusias su pasninku. Kiekvieną kartą man prašant Viešpaties "dangiškos duonos", kančios tiesiog išnykdavo

Tai buvo nuostabu ir stebuklinga. Viešpats yra Dangiškoji Duona (žiūr

Šventajame Rašte)

Įpusėjus pasninkui, aš skaičiau knygą, kuri iš tikrųjų sudomino mane ir atkreipė mano dėmesį. Ji buvo apie moterį, kuriai buvo parodytas dangus ir pragaras. Ji papasakojo, kad esantys pragare yra amžinai alkani ir ištroškę. Tai man buvo lemiamas momentas šio pasninko metu, nes aš pasninkavau 40 dienų, susilaikydama tik nuo maisto (ir aš, žinoma, nebuvau ištroškusi, nes pasninko metu gėriau vandenį), bet negalėjau įsivaizduoti, kaip praleisti amžinybę būnant alkanam (kai 40 dienų buvo neįtikėtina kova) ir ištroškusiam, ir todėl aš noriu, kad kiti susimąstytų apie šią gilią tiesą ir rimtai apsvarstytų savo amžiną baigtį

Aš dėkinga Viešpačiui, kad Jis pravedė mane per šį 40 dienų pasninką

Ryšium su šiais man duotais žodžiais, Viešpats naudojo daug žodžių, kurių net nežinojau prasmės, ir aš turėjau paieškoti jų, ir tai visuomet buvo tobuli žodžiai. Aš taip pat esu rašytoja, ir kai rašau kažką ilgo, kaip kad šis daugiau kaip 100 puslapių dokumentas, tuomet tai, ką pati parašau, pareikalauja iš manęs daug perrašymų, redagavimo, išbraukymų, papildymų; o šis dokumentas niekada nebuvo perdirbtas ar pakeistas – aš tiesiog pažodžiui užrašiau tai, ką diktavo Viešpats, kaip Jis man kalbėjo

Viešpaties žodžius aš surašiau į dienoraštį ir perspausdinau jį visą be vienintelio perrašymo ar pakeitimo, tobula anglų kalba. Visa šlovė Dievui! Ačiū tau, Dieve, už Tavo kantrybę šiam menkam indui – Susan Davis

Jėzus yra Dangiškoji Duona: Jono 6:29-58 Jėzus atsakė: "Tai yra Dievo darbas: tikėkite Tą, kurį Jis siuntė". Tada jie klausė: "Kokį padarysi ženklą, kad pamatytume ir įtikėtume Tave? Ką nuveiksi? Mūsų tėvai dykumoje valgė maną, kaip parašyta: 'Jis davė jiems valgyti duonos iš dangaus'." Tuomet Jėzus jiems tarė: "Iš tiesų, iš tiesų sakau jums: ne Mozė davė jums duonos iš dangaus, bet Mano Tėvas duoda jums iš dangaus tikrosios duonos

Nes Dievo duona yra Tas, kuris nužengia iš dangaus ir duoda pasauliui gyvybę"

Tada jie tarė Jam: "Viešpatie, visuomet duok mums tos duonos!" Jėzus atsakė: "Aš esu gyvenimo duona! Kas ateina pas Mane, niekuomet nebealks, ir kas tiki Mane, niekuomet nebetrokš. Bet Aš jums sakau: jūs Mane matėte ir netikite.

Visi, kuriuos Man duoda Tėvas, ateis pas Mane, ir ateinančio pas Mane Aš neišvarysiu lauk, nes Aš nužengiau iš dangaus vykdyti ne Savo valios, bet valios To, kuris Mane siuntė. O Mane siuntusio Tėvo valia, – kad nepražudyčiau nei vieno iš tų, kuriuos Jis Man davė, bet kad prikelčiau juos paskutiniąją dieną. Tokia Mano siuntėjo valia, kad kiekvienas, kuris regi Sūnų ir tiki Jį, turėtų amžinąjį gyvenimą; ir Aš prikelsiu jį paskutiniąją dieną." Tada žydai ėmė murmėti prieš jį dėl to, kad Jis pasakė: "Aš duona, nužengusi iš dangaus". Jie sakė: "Argi Jis ne Jėzus, Juozapo sūnus?! Argi nepažįstame Jo Tėvo ir motinos? Tad kodėl Jis sako: 'Aš nužengiau iš dangaus'?" Jėzus jiems atsakė: "Nemurmėkite tarpusavyje! Niekas negali ateiti pas Mane, jei Mane siuntęs Tėvas jo nepatraukia; ir tą Aš prikelsiu paskutiniąją dieną. Pranašų parašyta: 'Ir visi bus mokomi Dievo'. Todėl, kas išgirdo iš Tėvo ir pasimokė, ateina pas Mane. Bet tai nereiškia, jog kas nors būtų regėjęs Tėvą; tiktai Tas, kuris iš Dievo yra, Jis matė Tėvą

Iš tiesų, iš tiesų sakau jums: kas tiki Mane, tas turi amžinąjį gyvenimą. Aš esu gyvenimo duona. Jūsų tėvai dykumoje valgė maną ir mirė. O ši duona yra nužengusi iš dangaus, kad, kas ją valgys, nemirtų. Aš esu gyvoji duona, nužengusi iš dangaus

Kas valgo šitos duonos – gyvens per amžius. Duona, kurią Aš duosiu, yra Mano kūnas, kurį Aš atiduosiu už pasaulio gyvybę." Tada žydai ėmė tarp savęs ginčytis ir klausinėti: "Kaip Jis gali duoti mums valgyti Savo kūną?!" O Jėzus jiems kalbėjo: "Iš tiesų, iš tiesų sakau jums: jei nevalgysite Žmogaus Sūnaus kūno ir negersite Jo kraujo, neturėsite savyje gyvybės! Kas valgo Mano kūną ir geria Mano kraują, tas turi amžinąjį gyvenimą, ir Aš prikelsiu jį paskutiniąją dieną. Nes Mano kūnas tikrai yra valgis, ir Mano kraujas tikrai yra gėrimas. Kas valgo Mano kūną ir geria Mano kraują, tas pasilieka Manyje, ir Aš jame. Kaip Mane siuntė gyvasis Tėvas, ir Aš gyvenu per Tėvą, taip ir tas, kuris valgo Mane, gyvens per Mane. Štai duona, nužengusi iš dangaus, – ne taip, kaip jūsų tėvai valgė maną ir mirė. Kas valgo šią duoną – gyvens per amžius"

22402833R00084

Printed in Great Britain
by Amazon